Homenaje
en el Bicentenario del nacimiento de
MIGUEL CANÉ (p.)

Premio Ensayo Inédito.
Concurso de Literatura
de la Ciudad de Buenos Aires
2002-2003

(Texto actualizado en 2012)

Beatriz Curia

EL PRIMER NOVELISTA ARGENTINO
Miguel Cané (padre)
1812-1863

Curia, Beatriz
El primer novelista argentino : Miguel Cané, padre, 1812-1863 . - 1a ed. - Buenos Aires : Teseo, 2012.
146 p. ; 20x13 cm.
ISBN 978-987-1867-53-0
1. Historia de la Literatura Argentina. I. Título.
CDD 809.82

© Editorial Teseo, 2012

Buenos Aires, Argentina

ISBN 978-987-1867-53-0

Editorial Teseo

Hecho el depósito que previene la ley 11.723

Para sugerencias o comentarios acerca del contenido de esta obra, escríbanos a: **info@editorialteseo.com**

www.editorialteseo.com

Índice

Introducción 13
    Este libro 17

I. La primera novela romántica 19
Dos pensamientos 21

II. La novela histórica 27
Marcelina 29
Una noche de boda 33

III. "Amaba la Italia como un proscripto" 37
La libreta de apuntes: *Roma* 43
Esther 59
    El arte 65
La familia de Sconner 68
Laura 73
Otros apuntes 74
    Novela y libro de viaje 77
    Los símiles plásticos 78
    Romanticismo y tradición 80

IV. Escenas costumbristas 81
Cora 83
En el tren y *Escenas de familia* 93

V. La novela moderna 95

Eugenio Segry o El Traviato..97
    El proyecto modernizador en el Río de la Plata 99
    Contrapunto de culturas...101
    Explorar la sociedad..105
    Verdad de los sentimientos y fidelidad a los hechos .108
    El narrador fidedigno y el encuentro de culturas 110
    Doble discurso 110
    El discurso de los personajes..112
    Adjetivos que forman creencias 116
    Final con moraleja..119
    El Traviato y la novela moderna..................................121

Conclusión 123

Bibliografía y fuentes...129

Fuentes 131
Bibliografía..134

A José.
A Elena.

*Ante todo la verdad, la justicia, la mejora
de nuestra pobre condición humana, en fin, todo lo que,
aun sacrificando la perfección, nos dé un progreso
moral e intelectual. La obra que no llene esta doble misión,
si no es del todo mala, es cuando menos importuna.*

Miguel Cané (p.)

INTRODUCCIÓN

Miguel Cané (padre) fue uno de los más destacados protagonistas de la generación argentina de 1837. La fama del autor de *Juvenilia* dejó en un inmerecido segundo plano la figura de su padre, quien, además de escritor y periodista, fue integrante de la Asociación de Mayo y participó activamente en las campañas militares que en Montevideo se desarrollaron contra Oribe.

El carácter disperso de la obra de Cané obliga a rastrear sus escritos en publicaciones de variada índole, en especial periódicos argentinos y uruguayos aparecidos entre —las fechas son aproximadas— 1834 y 1864. En esos treinta años se desarrolla la actividad periodística de Cané, a veces asombrosamente intensa, se editan sus novelas y se publican de manera póstuma algunos de sus escritos. Tanto en los textos que suscribe como en los que le pueden ser atribuidos —firmados con seudónimos o sin especificación de autor— se advierte una notable coherencia intelectual y estética.

A las publicaciones deben añadirse los escritos inéditos existentes en diversos repositorios de manuscritos públicos y privados. Borradores, originales completos o truncos de sus narraciones, textos autobiográficos, apuntes de viaje, cartas, ayudan a rescatar la singular personalidad de este romántico argentino.

Un ahondamiento en su obra, tan escasamente conocida, resulta imprescindible cuando se intenta aprehender con alguna finura de matiz la compleja fisonomía del Romanticismo en el Río de la Plata.

Las opiniones de Miguel Cané sobre literatura son abundantes y ricas en sugerencias. Señalo aquí solamente que es necesario tener en cuenta al menos dos trabajos del autor. Uno de ellos, obra de su madurez, es una conferencia —*Primera lección de prosa*— pronunciada en el Ateneo del Plata (Cané 1858 c). El otro, coetáneo de *La Moda*, anterior a la Asociación de Mayo y al *Dogma socialista*, fue publicado en el número 3 de *El Iniciador* de Montevideo, el 15 de mayo de 1838. Lleva el título *Literatura* y expone con organicidad los principios estéticos de Cané, coincidentes con los sustentados por los hombres más representativos de su generación (Cané 1838 b; 1941 b).

Es ya un lugar común para algunos estudiosos de nuestro siglo XIX endilgar a los miembros de la generación de 1837 el mote de *afrancesados*, tanto como negarlo por parte de quienes intentan defender el nacionalismo de los románticos argentinos empobreciéndolos de tradiciones. Lejos de mi propósito retomar aquí la polémica. En su pasión por Italia y su cultura el protagonista de este ensayo proporciona una variante notable, aunque por cierto no totalmente aislada, que obliga a enfocar el Romanticismo argentino desde una perspectiva más compleja y, por lo mismo, menos reduccionista.

La obra narrativa de Cané abarca un número considerable de títulos que pueden agruparse de la siguiente manera:

1. Las obras reeditadas en el siglo XX: *Esther* —su novela más conocida— y *La familia de Sconner* aparecieron en Publicaciones del Instituto de Literatura Argentina (Sección de Documentos, serie 4ª - Novela), editadas por Ricardo Rojas (1929 y 1930). *Marcelina* (1996) y *Dos pensamientos* (2000), en ediciones críticas que he preparado.

2. Las recopiladas en volumen por Magariños Cervantes para su Biblioteca Americana en 1858: *Esther, La familia de Sconner, Una noche de boda, Fantasía* y *En el tren*.

3. Las aparecidas en publicaciones periódicas: "Esther" (frag.) en *La Brisa* (1852), "Una noche de boda" (tres ediciones, aparte de la mencionada en el apartado anterior): *El Plata Científico y Literario*, 1854; *El Imparcial*,1857; *La Tribuna*, 1858), "Eugenio Segry o El Traviato" (*La Tribuna*, 1858), "Episodio de la peste: Cora o la partida de caza", publicada en *Museo Literario: Periódico semanal de literatura en general, teatro y modus* (1859), "Laura", en *El Correo del Domingo* (fragmento, ed. póstuma, 1864).

4. Las consignadas por Magariños Cervantes en su escrito "Miguel Cané" (1858 a): *La semanera* —publicada— y *La muerte del poeta* —inédita—. "Sabemos —señala— que [Cané] tiene en su cartera de borradores, la *Laura*, la *Muerte del Poeta*, y varios retratos de personajes políticos [...]". Rojas retoma en su *Historia de la literatura argentina* y en el prólogo a *Esther* los datos proporcionados por Magariños. No he podido determinar si efectivamente ha sido editada *La semanera* y cuál ha sido el destino de *La muerte del poeta*.

Este libro

Resultado de investigaciones efectuadas durante décadas, mi libro se orienta especialmente a mostrar dos aspectos definitorios de la obra de Cané: la contribución que supone para la generación del 37 su interés por Italia y el carácter inaugural de su narrativa en el camino hacia la novela argentina moderna.

Aborda sus novelas —*Dos pensamientos, Marcelina, Esther, La familia de Sconner, Eugenio Segry o El Traviato, Una noche de boda Cora* y los fragmentos conservados de *Laura*—, narraciones breves (*En el tren* y *Escenas de familia*), además de apuntes de viaje publicados en forma póstuma o manuscritos (especialmente *Roma*) y apuntes autobiográficos (AGN), que iluminan los textos antes mencionados y muestran hasta qué punto se entrelazan la autobiografía y la ficción[1].

Miguel Cané nació en la estancia *Los Algarrobos* —que pertenecía a sus padres—, situada a unas cuarenta leguas al norte de Buenos Aires, en San Pedro, el 26 de abril de 1812. También en el campo, en una pequeña estancia de Mercedes —provincia de Buenos Aires—, vio por última vez la luz hace poco menos de ciento cincuenta años, el 5 de julio de 1863[2].

---

[1] Una versión sintética del tema que da título a este libro fue publicada por la revista *Decimonónica* (Curia 2007).
Agradezco a la Dra. Hebe Beatriz Molina la paciente lectura de mi original y el descubrimiento de *Cora* en la biblioteca Juan María Gutiérrez, Biblioteca del Congreso de la Nación.

[2] Manuel Mujica Láinez ha escrito un espléndido ensayo biográfico, basado en fuentes de primera mano reunidas en el archivo familiar de los Cané: *Miguel Cané (padre), Un romántico porteño*. Es de ineludible consulta cuando de datos biográficos se trata.

I
LA PRIMERA NOVELA ROMÁNTICA

Dos pensamientos

Cané empieza a ser reconocido como primer novelista argentino después de mi rescate de *Marcelina* (Verdevoye 1999: 115). Coinciden los historiadores de la literatura en señalar que la novela sentimental hispanoamericana se inicia con *Soledad* (1847), de Bartolomé Mitre (p.e. Varela Jácome 99). Sin embargo, así como *Marcelina* convertirá a Miguel Cané en iniciador de la novela histórica argentina, *Dos pensamientos* constituye el primer exponente de novela sentimental en nuestra literatura[3]. Por lo demás, es un verdadero compendio de motivos, personajes e ideas propios del romanticismo y, en tal sentido, inaugura en el país la novela romántica.

Se trata de una novela breve. Un narrador testigo va dando cuenta, a veces a través del discurso directo, de los pormenores de esta historia de sentimientos encontrados, de un alma triste acosada por el mal del siglo, escéptica y dolorida. Al desborde sentimental no es ajeno "L.", el narrador: "Era el amigo de mi cariño, y el episodio de su vida que os voy á referir aun encuentra lágrimas en mis ojos marchitos" (Cané 2000: 31)[4].

La ensoñación, tan cara a los románticos (Béguin), imprime su sello a los amores del protagonista que vertebran temáticamente la novela: "Las esperanzas de la primera edad son sueños, es verdad, pero sueños que dan encanto,

---

[3] El texto fue publicado en *El Iniciador* (n.° 11, Montevideo, Setiembre 15 de 1838. Tomo 1. pp. 230-233) y, con variantes, en *El Nacional* (Montevideo, abril 5 de 1839).

[4] En todas las citas respeto la grafía de los originales, salvo explícita indicación en contrario. Para los textos inicialmente publicados en *El Iniciador* puede consultarse también la edición facsimilar que publicó la Academia Nacional de la Historia (1941). Esta reproducción toma como base un ejemplar de *El Iniciador* que perteneció a Cané, en el que el autor ha indicado de puño y letra cuáles son las colaboraciones anónimas debidas a su pluma.

que llevan al alma abandonada á ellos á un mundo de delicias aunque engañoso" (Cané 2000: 35). El ensueño, los presentimientos "indeterminados y oscuros", los secretos y designios del destino, igualmente indeterminados y oscuros, van marcando la presencia de lo irracional.

Una romántica antinomia entre espíritu y materia se enseñorea de la composición narrativa de Cané y sirve de base para la caracterización de los protagonistas: "Deja tus visiones de amor celestial, creaciones imaginariamente perfectas; estos frutos no reproducen aquí abajo" (37). El mundo, incapaz de ofrecer el absoluto, resulta desdeñado por el joven, quien se refugia en la pura perfección de las ideas forjadas en su alma: "vivirán en mi alma, allí los amaré. Que el mundo se guarde sus encantos, ya no los deseo. Tengo bastante con los mios" (37). En otro momento, la vida parece un "destierro forzoso" (39): "Huid el aliento venenoso de la vida" (38). El hombre es visto neoplatónicamente como "[e]xalacion momentánea de un fuego divino" (50).

Con respecto a la naturaleza, no es difícil descubrir tras los párrafos de Cané sus lecturas de Rousseau. En la naturaleza, sentida por el ginebrino como ideal de perfección en su busca de una pureza moral (Mondolfo 19-20), encuentra Enrique un refugio donde evadirse de la sociedad corrupta y entregarse a los más puros sentimientos de amor: "Esta naturaleza que me dá la idea de una vision poetica, derrama tanto amor en mi pecho, tanta sensibilidad en mi espiritu, que en estos momentos me olvido de mis pasadas penas y querria.... *querria* amar...." (Cané 2000: 39-40). Esa misma naturaleza que sonríe cuando asoma "una ilusion encantadora allá en el fondo del alma" de Eduardo y, madre del amor propio, conduce al amor por los otros seres humanos en la medida en que "la fuerza de un alma expansiva la identifica con su semejante" (Mondolfo 44), aparecerá luego indiferente a los padecimientos del protagonista.

La dicotomía romántica mujer ángel / mujer demonio se manifiesta en los dos amores de Eduardo. Así como María es un ángel, la mujer a quien antes amaba el protagonista lo había llevado a una pasión destructiva. La joven María aparece como una visión ideal más que como una mujer de carne y hueso —no otra cosa ocurre con el propio Eduardo—: "Eduardo ofrecia flores á una jóven con quien hablaba: era de alta talla, vestida de blanco, y se la podía llamar con el Dante *la creatura bella in bianco vestita*" (Cané 2000: 40-41). Y más adelante: "Una muger vestida de negro se ofreció á mis ojos hácia la estremidad de la calle que recorriamos, se paseaba solitaria por una azotea; parecia el ángel del amor infeliz" (45). Ambas imágenes de María se recortan con nitidez y constituyen símbolos de ventura y dolor, de nacimiento y muerte, de amor feliz y desdichado. "Nació como yo para aumentar el mar de lágrimas en que vivimos. Angel de amor y de pureza, está condenada al suplicio de consumirse lentamente en medio de la corrupcion humana: ¡desgraciada!" (47).

La exaltación de la pasión es una constante en la novela: "Yo ví algo de sobre humano en su rostro; las grandes pasiones divinizan al hombre" (45). Se trata del enamoramiento del romántico, que llega al frenesí y es funesto para quien constituye su objeto (Van Thieghem *passim*).

En su *Primera lección de prosa*, pronunciada el 20 de octubre de 1858 en el Ateneo del Plata, Cané sigue la tradición romántica europea, en particular a Mme de Staël en *De la Littérature*—publicada en 1800—, y asigna a la literatura la función de constituir la "expresión genuina de nuestra vida social" (5). Interesa desde este enfoque la visión que *Dos pensamientos* ofrece de la mujer, todavía presa de la voluntad familiar y social, ajena a esa revolución que se produce en el mundo y la va convirtiendo en un individuo sexuado, que va adoptando nuevos paradigmas morales, religiosos y sociales... El propio Cané, en un artículo titulado "Educación", aparecido en *El Iniciador* el 15 de junio de 1838, señala que la mujer en "nuestras sociedades" es "una criatura sin misión ni c[a]rácter verdaderamente social. Nace y muere como las flores; destinadas al deleite de uno o pocos más, la patria conserva en su seno, más de la mitad de sus hijos como miembros improductivos, muertos para todo lo que no sea el amante, el hermano, el padre" y exhorta a darle el lugar que le corresponde, para que deje de ser una víctima y pueda "trabajar como el hombre, por la civilización, por la humanidad, por la patria" (Curia 2000: 124). No debe olvidarse en relación con este punto que por entonces "se presiente y verifica la presencia de un público femenino, muy al día, liberalizado y hasta rebelde, al que se apela mediante títulos más o menos ambiguos como *La Moda*" (Viñas 7).

El drama planteado como eje de la narración se basa, más que en una constricción autoritariamente ejercida desde fuera, en una promesa que encierra violencia moral en su misma formulación: la madre recibe en su lecho de muerte el juramento de acceder a un matrimonio detestado. Ni más ni menos que en *El ángel caído* de Echeverría, cuando Ángela accede a casarse con Pereyra. Aunque la mujer rioplatense del siglo XIX era depositaria de hecho de un poder no delegable, que la convertía en defensora del "orden familiar", "subordinación y pudor condensaron el ideal patriarcal": las mujeres casadas se encontraban subordinadas a la voluntad del marido y las solteras, hasta los veinticinco años, sometidas a la patria potestad (Cicerchia 241).

Aunque el espíritu romántico se caracteriza por romper con las normas y los cepos que la sociedad establece a la pasión, los protagonistas de Cané se someten al orden establecido, al deber filial y conyugal de la muchacha.

Muerte en batalla y muerte por consunción son dos caras de un mismo y fatal destino.

La dimensión patriótica, la militancia política y la preocupación social resultan insoslayables en los escritos de Cané. En *Dos pensamientos*, la trama sentimental se une con la vida política cuando el protagonista sucumbe en combate:

> Una guerra fratricida arde en el corazon de la patria; yo marcho á incorporarme con los primeros cuerpos que encuentre: mis desgra-cias me desobligan de los compromisos q' á mi generacion me ligaban; yo se amigo de mi vida que hoy no se pelea por la pátria, pero para el que solo busca la tumba, todas las batallas son legítimas. Cuando en los dias del porvenir, en esos dias que tantas veces ha soñado mi alma, os ocupeis de la regeneracion Americana, de la fraternidad de todos los hombres, dad un pensamiento al infeliz que ya nada puede; oh! yo nutría la esperanza de mas risueña suerte: se ha apagado la luz del alba antes de nacer el Sol (48-49).

Párrafo que condensa la crítica a las facciones en lucha, el sentido de pertenencia generacional y el proyecto transformador de la sociedad del que Cané se sentía partícipe.

En suma, *Dos pensamientos* inicia con ingenua frescura nuestra novela sentimental, ofrece un amplio registro de motivos románticos: antinomia espíritu-materia, divorcio yo-mundo, pasión desbordada, destino fatal, mujer ángel / mujer demonio, amor imposible, muerte en plena juventud, muerte por amor, lucha por la patria, naturaleza como estado de alma —compañera, indiferente—, a los que se suman caracteres endebles e idealizados, innegables aciertos elocutivos —v. gr.: "la alma comprimida se lanza á recorrerlo como el niño tras la sombra de su cuerpo"

(43)— y un trasfondo de Romanticismo social. No es ésta por cierto la mejor novela de Miguel Cané, pero preciso es no juzgar la *novelita* con parámetros actuales, porque resultaría inevitable e injustamente pobre. Los que hoy nos parecen adocenadas reiteraciones de patrones europeos constituían por entonces innovadoras propuestas.

II
LA NOVELA HISTÓRICA

Marcelina

Hasta la publicación de mi edición crítica (1996), *Marcelina* —aparecida por primera vez con el título "Una historia" en *El Iniciador*, el 15 de octubre de 1838 y reeditada en *La Tribuna* de Buenos Aires en 1858— no estaba registrada en nuestra historia literaria y no la mencionaba la crítica especializada. Se trata de la primera novela histórica argentina, si se tiene en cuenta que *El Capitán de Patricios* de Juan María Gutiérrez fue escrita hacia 1843, pero no se publicó hasta 1874. Muy posteriores son *Amalia* de Mármol —cuyo género se discute—, *La novia del hereje*, de Vicente Fidel López, *La loca de la guardia*, del mismo autor, *Los misterios del Plata*, de Juana Manso de Noronha, las *Lucía Miranda* de Eduarda Mansilla y de Rosa Guerra, y otras muchas que se sucedieron con menor popularidad o trascendencia (Molina 2011[5]).

Marcelina es una novelita[6] muy breve caracterizada por el desborde romántico de las emociones de los protagonistas. No se trata de una *nouvelle*, genéricamente hablando, ni de un cuento, sino de una novela, con peripecias varias y conflictos, tanto personales como socio históricos, por esquemáticos que sean. El repertorio de los motivos románticos se despliega generosamente a lo largo de la narración, al igual que los tipos humanos que tanto atrajeron a los escritores europeos y americanos de la época: la huérfana, el anciano enamorado de la niña, el corsario, el marino, la mujer ángel,

---

[5] Molina (2011) establece en esta obra sobre la novela argentina, de perfiles únicos por su naturaleza abarcativa y erudita, la precisa inserción de las narraciones de Cané en el contexto de la novela decimonónica argentina.

[6] Sigo la nomenclatura de Paul Verdevoye (1997), quien llama *novelitas* a narraciones de este tipo. En los periódicos del siglo XIX también se halla esta denominación (Molina 2011: 58-59).

el rapto, la lucha por la libertad de la patria, la proscripción, la guerra civil, la naturaleza desencadenada.

Más allá de improbables influjos de esta novela de Cané, pero ciertamente con un trasfondo histórico literario compartido, las páginas de *Marcelina* recuerdan por momentos *Soledad* de Mitre (1847) y alguna vez hacen pensar en *Caramurú* de Magariños Cervantes (1848).

He aquí, brevemente, su argumento: Marcelina queda huérfana y don Roque Ferreira, albacea y tutor, se hace cargo de ella. Enrique, el amado de la joven, es un corsario que lucha contra los brasileños por la libertad uruguaya. Los vaivenes de la guerra lo mantienen alejado de Marcelina, quien sufre por su abandono y no tiene otro consuelo que el que le brinda su tutor. El anciano, a medida que transcurre el tiempo, le revela su amor y ella le promete matrimonio. La víspera del casamiento llega Enrique. Rapta a Marcelina. Con ella a bordo de su barco la "Porteña" recorre los mares y combate al enemigo. Marcelina le pide que abandone la carrera de las armas. A modo de convincente réplica, él repite las palabras con que su padre, en el lecho de muerte, le ha encomendado ocuparse del porvenir de la patria. Regresan a Buenos Aires para consumar su casto amor en el matrimonio y reparar el daño que el buen nombre de Marcelina ha sufrido con el rapto. Don Roque los bendice.

La acción se desarrolla a partir de "la última hora del año de 1826". El contexto histórico es la guerra con el Brasil tras la ocupación del Uruguay, el bloqueo de Buenos Aires por la armada brasileña y la acción de los corsarios argentinos en el río y en el mar. Como es sabido, la Argentina no contaba con una armada poderosa y Brown y los corsarios realizaron prodigios con sus mal pertrechados buques. Cuando termina la acción de la novela todavía continúa el bloqueo.

En los últimos párrafos, casi a modo de epílogo, el narrador anuda los hilos de la trama, menciona el fin de la guerra, el comienzo de la guerra civil, la proscripción del protagonista en tierra uruguaya.

Lo fundamental de *Marcelina* es el discurso del anciano moribundo: constituye un verdadero programa y se transforma —apunta el narrador— en el "código" de que se vale Enrique para educar a sus hijos. La palabra *código* no se ha usado por azar sino que remite de modo bien preciso al dogma de la generación del 37.

Como representante característico de esta generación, Cané tuvo una actitud cívica militante y una concepción pragmática de la obra literaria. Esta concepción, perceptible con nitidez en sus escritos más diversos, adquiere rasgos de proclama en un artículo aparecido —poco antes de la primera publicación de *Marcelina*— en *El Iniciador* del 15 de mayo de 1838 y al que ya he hecho referencia. Lleva el título "Literatura" y vale la pena transcribir un breve párrafo:

> [...] nosotros que aun no hemos armonizado los elementos sociales entre sí, ní dádoles la impulsion correspondiente para llegar al objeto de nuestra asociacion, nosotros digo, no debemos ocuparnos de esa literatura de lo bello, que para los antiguos era todo, sinó como uno de los accesorios que puede dar mas valor á la obra. *Ante todo la verdad, la justicia, la mejora de nuestra pobre condicion humana, en fin, todo lo que, aun sacrificando la perfeccion nos de un progreso moral é intelectual. La obra que no llene esta doble misíon, sinó es del todo mala, es cuando menos importuna* (1838 b: 51. Subr. mío).

Como bien señala Mujica Láinez, Cané fue "en todo instante, un fogoso propagandista del ideario de la Joven Argentina" (48). Sin duda, en la base de las ideas que vertebran *Marcelina* se encuentra el *Dogma Socialista*, publicado por primera vez en el último número de *El Iniciador*, periódico del que, no olvidemos, Cané era responsable junto con Andrés Lamas. En las breves páginas de su novela, Miguel Cané se convierte en portavoz de las ideas de toda una generación como lo prueba un somero cotejo con el *Dogma*. Las coincidencias —de las que no es pertinente dar cuenta aquí— con otras obras representativas del 37 son también notables.

Del programa enunciado en *Marcelina* se pueden resumir los siguientes puntos fundamentales:

- *Fraternidad*. Los hombres son hermanos y forman una gran familia (Echeverría 1941: 68-69, 82).

- No hay felicidad posible si un *centro común* no rige los movimientos de los miembros de la sociedad. La humanidad tiende a este fin, que no es otro que la *confraternidad de principios* enunciada en el *Dogma socialista* (81-82).

- La libertad y la felicidad de los hombres son un bien de tal magnitud que resulta lícito, para lograrlas, derramar sangre en las luchas contra los tiranos (72, 74).

- La libertad no surge de modo automático de la independencia (118). Es necesario que el poder se diferencie de los medios materiales, y que el pensamiento libre y soberano rija la acción de los gobiernos. A su vez, quienes integran la sociedad han de ser conscientes de sus obligaciones y derechos (69, 77). A partir de la democracia, que es la base (78, 82), el brazo deberá ejecutar las concepciones de la mente (76).

Es preciso no sacar de contexto la novela de Cané. El discurso de la generación del 37 sustentado en las páginas de *Marcelina* ha de juzgarse a la luz de las circunstancias en que ellas fueron escritas. Aunque se discutan puntualmente algunas de las ideas expuestas, no es posible negar que los párrafos concebidos por Cané como bandera del accionar político de su generación tienen y deberán tener vigencia mientras se busque una sociedad éticamente organizada.

Del mismo modo, aunque *Marcelina* no responda a las expectativas estéticas de nuestro tiempo, no cabe duda de que representa acabadamente un importante momento histórico cultural del pasado argentino.

Una noche de boda

En *Una noche de boda*, Miguel Cané aborda dos motivos concurrentes: la guerra de la Independencia y el amor contrariado por la oposición de los padres. Conrado lucha a las órdenes de San Martín y es un héroe. Después de la derrota de Cancha Rayada, lucha cada vez con más valor, gana elogios y estima:

> Asi, Conrado, de grado en grado, de batalla en batalla, llegó á ser uno de los capitanes mas notables del ejército de los Andes. Su carácter altivo y concentrado, su amistad profunda é intachable, su arrojo que tocaba en temerario en los momentos del peligro, le hicieron distinguir de todos sus compañeros de armas y del severo General San Martin que no se engañaba nunca en el conocimiento de los hombres que él distinguia (1858 d: 14 abr.)[7].

Mientras San Martín inicia su campaña al Alto Perú, Conrado regresa a Buenos Aires para ocuparse de los bienes que ha abandonado su padre —noble español con quien el joven ha roto sus lazos—, y reunirse con su prometida Atilia. Se enfrenta con el hecho de que los padres de Atilia, opuestos al matrimonio entre su hija y Conrado,

---

[7] Cito por los folletines de *La Tribuna*. Las ligeras variantes que presentan las diversas ediciones justifican la edición crítica que he preparado, aún no publicada.

han concertado su boda con un esposo conveniente a sus intereses, un español de opulenta riqueza.

Como consigna Ricardo Lesser (136) los matrimonios se realizaron durante el período colonial como alianzas entre familias con fines comerciales. El marido debía ser peninsular y la novia no tenía noticias del contrato matrimonial efectuado entre su padre y el novio. Mientras estos casamientos por conveniencia se realizaban en el Río de la Plata, ya en Europa la tendencia era muy distinta y empezaban a concretarse matrimonios por amor. Hasta el siglo XIX las jóvenes de Buenos Aires no se atreverían a disentir de sus padres en este aspecto (137).

Cada vez más se habían ido imponiendo las libertades del individuo en la sociedad posrevolucionaria y el amor aparece como derecho inalienable de la persona (Mayo 45). El amor era visto los jóvenes de la generación del 37 "como un sentimiento espiritualizado, de una sexualidad reprimida o sublimada, una pasión purificada, que se consuma en el matrimonio" (101). Echeverría consigna taxativamente en el *Dogma* que la riqueza no confiere títulos nobiliarios.

Finaliza trágicamente la novela de Cané cuando el esposo asesina a Atilia y Conrado, tras dar muerte al criminal, se suicida (cf. Molina 2011: 270-284).

La dimensión patriótica, la militancia política y la preocupación social resultan insoslayables en los escritos de Cané. Conrado expresa su desilusión ante la sociedad argentina. Básicamente está causada las ambiciones de los padres de su amada Atilia y los manejos de su rival para calumniarlo, pero también por la indiferencia imperante respecto de la lucha independentista:

> A la guerra, á la guerra, dicen con ese aire mentido de entusiasmo, y nos precípitan en la miseria y en la

tumba; nos esplotan en la paz, nos sacrifican en la lucha y luego, desde el alto trono de la hipocrecia y de la molicie, fulminan sobre nuestras cabezas el anatema de la inmoralidad (Cané 1858 d: 17 abr.).

Esto le da pie para explayarse sobre las ideas de la generación del 37, expresadas fundamentalmente por Echeverría en el *Dogma* y por el mismo Cané en más de un escrito:

> En un pueblo que se dice libre no se escucha á las personas, no se admite[n] las influencias privadas, no se teme la amenaza, la calumnia, ni la lisonja. Un pueblo libre, Cárlos, no tiene mas amo que la ley, y la ley no apadrina las ambiciones torcidas...
> —Un pueblo libre no pisotea la más sagrada propiedad que tiene el hombre, la propiedad del corazon.... Un pueblo libre es agradecido porque la libertad se compra con sangre, y la sangre de los hombres vale mucho.... yo no pido á la patria sino mi propiedad, la que nadie me ha dado y que nadie me puede quitar; ella debió conservármela como yo la he conservado sus derechos con mi sangre (18 abr.).

Plantea como raigal en toda sociedad un equilibrio entre derechos y deberes, cuya ruptura genera las malas pasiones individuales. Ellas gradualmente se van incrementando hasta abarcar la sociedad entera. Olvidar los deberes destruye la trama social:

> Hemos proclamado y peleado frenéticamente por la igualdad de derechos y nos hemos olvidado que la igualdad de deberes era antes; de ahí este desquicio funesto en todas nuestras cosas, y este cáos que amenaza la ruina de una sociedad jóven y dispuesta á todos los progresos (18 abr.).

Estos conceptos se encuentran de modo muy explícito en el *Dogma Socialista*, son enarbolados como bandera por la generación del 37 y vertebran la Constitución del 53.

Una che de boda permite iluminar aspectos de la sociedad argentina poscolonial, tales como rupturas, transformaciones, rechazos y continuidades, evidentes en motivos y submotivos:
- Guerra de la Independencia.
- Participación en combates.
- Actitud de la sociedad ante la guerra.
- Matrimonio convenido por los padres vs. matrimonio por amor.
- Vieja generación española o influida por España vs. nuevas generaciones criollas.
- Final desdichado vs. posible final feliz (que sí aparece en el caso de *Marcelina*).

Creo útil asociar esta narración con una novela escrita pocos años después. Se trata de *María de Montiel*, de Mercedes Rosas de Rivera (M. Sasor), publicada en 1861 (Rosas de Rivera 2010). Globalmente considerado el tema —sin olvidar la decisiva presión contextual de la sociedad decimonónica argentina—, se advierte en la obra de Mercedes Rosas cómo se tematizan desde la perspectiva femenina esos motivos y submotivos, con el foco en la vida familiar. En la narración de Cané, en cambio, como en todas las obras del autor, prevalece la perspectiva masculina del pensador y político, interesado en la esfera pública donde actúa.

III
"AMABA LA ITALIA COMO UN PROSCRIPTO"

Cané es tal vez entre los hombres del 37 quien más atracción experimentó por Italia y su cultura. "En el espíritu de mi padre —puntualiza su hijo Miguel—, aun antes de viajar y desenvolver su inteligencia en la atmósfera europea, la nueva literatura francesa compartía su cariño y su entusiasmo con la italiana de todos los tiempos. *Amaba la Italia como un proscripto*" (Cané [h.]). Y agrega:

> Sabía de memoria cantos enteros del Dante, Tasso y Ariosto y los sonetos de Petrarca adquirían una dulce y melancólica expresión al pasar pos sus labios. El movimiento liberal, la resurrección de la Italia, queriendo levantar la lápida de la restauración lo estremecía. Conocía a fondo las obras de aquellos hombres generosos que, como Silvio Pellico y Maroncelli, iban a expiar el delito de amor patrio en el fondo de los húmedos calabozos del Spielberg[8].

Bartolomé Mitre testimonia en una carta a Cané (hijo): "Entonces tan sólo leían y comprendían a los poetas italianos nuestro maestro, Florencio Varela, y su padre Miguel Cané, quien me los hizo amar antes de comprenderlos, alentándome en mis primeros ensayos literarios con una benevolencia que nunca olvidaré" (Vedia y Mitre 56).

Aunque la proximidad de la lengua favorecía el conocimiento de la literatura italiana, faltaron por entonces otros elementos que otorgaran fuerza a su expansión (Carilla I, 123-124). No puede ignorarse el peso de Mazzini (*La Moda* 2, 25 nov. 1837: 3-4) y la Joven Italia en la configuración del

---

[8] Se trata de una transcripción de las páginas iniciales del manuscrito original de *Juvenilia* (AGN, Sala VII, Colección Cané, Legajo 2213), que no fueron conservadas en la versión impresa, tal vez por haberlas encontrado su autor algo desvinculadas del homogéneo cuerpo de recuerdos escolares. El subr. es mío.

Credo de la Joven Argentina, pero —como se ha visto— es ya un clisé de nuestra historiografía literaria simplificar la compleja relación que tuvieron con los diversos países europeos los integrantes de la generación de 1837 y tildarla en su conjunto de *afrancesada*. Si bien es indiscutible su admiración por buena parte de los románticos franceses —especialmente por el Romanticismo social—, pueden descubrirse en la obra de los hombres del 37 múltiples lazos con Italia y Cané agrega matices nada desdeñables a la fórmula consabida.

Entendiendo por imagen "una representación individual o colectiva en la que entran a la vez elementos intelectuales y afectivos, objetivos y subjetivos" (Pichois y Rousseau 101-102), en las imágenes que los viajeros se forjan del Otro se proyectan sus propios sueños y deseos. Desde fines del XVIII el viaje a Europa desempeña una función cardinal en la formación de los argentinos (Weinberg 1993: 1005-1006). Echeverría, Balcarce, Varela, Gutiérrez, Sarmiento, Alberdi, Cané, entre otros, realizaron su periplo con móviles y frutos diversos. Conviene subrayar que el viaje de los argentinos no tenía como meta una realidad exótica, como en el caso de los románticos europeos, sino una realidad cultural: historia, monumentos, tradiciones, instituciones y artes (Carilla II, 100).

Miguel Cané se suma a los viajeros que miran el Viejo Mundo con ojos nuevos pero no necesariamente sumisos. Afirma Alejandro Magariños Cervantes que su primer viaje a Francia "fue para Cané la realizacion de sus intuiciones de civilizacion, y le sirvió para educar sus sentidos en el arte estéticamente y para ensanchar su inteligencia" (1858 a: 20). Los viajes de Cané generaron una serie de escritos narrativos. Algunos asumen definidamente el género de apuntes de viaje. Otros, bajo ropaje novelesco, ofrecen su visión del arte y la sociedad italianos, de la sociedad francesa y algunas pinceladas de la sociedad europea en general.

El viaje a Europa constituye para Miguel Cané una particular experiencia estética, traspuesta en sus escritos con minuciosidad y fruición de conocedor del arte y las letras europeos. Cuando la cultura italiana es el tema, toda la pasión y entusiasmo del autor desbordan. Por el contrario, cuando efectúa un diagnóstico político-social surgen la reticencia, el fastidio y hasta la execración.

Si bien, como ya se ha dicho, la pasión de Miguel Cané por Italia y su cultura es única en el contexto de su generación (Pena de Matsushita 323), revisando periódicos de la época se hallan páginas de literatura italiana traducida, escritos sobre Italia y su cultura y epígrafes en italiano[9]. Los nombres de Vico, Pellico, Alfieri, Dante, Cesarotti, Tasso, Foscolo, Monti, Manzoni, aparecen aquí o allá en escritos diversos y algunos se reiteran. Juan María Gutiérrez publica un artículo en *El Iniciador*, "Silvio Pellico da Saluzzo" (I.4, 1 jun. 1838: I, 73-75), seguido de una traducción —"Traducción literal inédita"—, también suya, del capítulo XIV de *Los deberes del hombre* (75-76).

En los discursos pronunciados en la inauguración del Salón Literario hay menciones de Dante, Galileo, Miguel Ángel, Cristóbal Colón, Filangieri, Beccaria, Manzoni, Lando. Estos nombres, muy pocos comparativamente, quedan casi ahogados por un aluvión de apellidos franceses. Si se toma como referente a Echeverría, cabeza de la generación, no es dato de poca monta que *La cautiva* incorpore epígrafes tomados de Dante, Manzoni, Petrarca y, como he demostrado en otro estudio, reelabore en sus propios versos los textos de origen (Curia 1982). Tampoco

---

[9] V. gr.: *El Nacional* 13, 28 nov. 1838; 101, 19 mar. 1839. *El Iniciador* II, 1 nov. 1838: 33-35. *La Moda* 2, 25 nov. 1837: 4. *El Nacional* 608, 9 dic. 1840.

que el final de *El ángel caído*, obra en que cifraba su madurez literaria, se titule sugestivamente "*Vita nova*".

Mary Louise Pratt, en el capítulo octavo de su libro *Ojos imperiales: Literatura de viajes y transculturación* —obra que, con referencia a la literatura de viajes, los ámbitos académicos han convertido en canónica y parece de consulta indispensable— encara el estudio de escritores argentinos. Cabe señalar en este punto serias fallas. En primer lugar, tanto por el prejuicio ideológico de que los intelectuales argentinos de entonces sólo miraban hacia Europa y desconocían la realidad de su tierra, como por una lectura deficiente, Pratt incurre en una serie de inexactitudes cuando se refiere a *La cautiva* La "familia simbólica de colonos —la criolla blanca María, su esposo inglés Brian y su hijita—" sólo puede haber surgido de una lectura apresurada y superficial del texto echeverriano, como cualquier conocedor del tema advierte. De allí que la interpretación alegórica que propone falle por la base: "El futuro, suponemos, reside en los hombres criollos y sus hijos varones" —dice— "Pero ¿dónde están ellos? En Buenos Aires, quizá (¿escribiendo largos poemas?) o, como veremos ahora, *de viaje rumbo a París*" (321-322, subr. mío). Por cuanto Brian no es inglés y la *hijita* es un *hijito*, la familia criolla entera se encuentra en el centro de la escena padeciendo la confrontación con los indios. Si bien es cierto que Echeverría había tenido su experiencia europea (27 de febrero de 1826- mayo de 1830) (Battistessa xxiv-xxvii), *La cautiva* no se gestó en París ni en Buenos Aires, sino en contacto con la realidad de la campaña, el "desierto"[10], las consecuencias de los malones. Otro punto en que la desinformación de Pratt resulta palmaria atañe

---

[10] "Desierto" es un vocablo discutible para designar ese territorio poblado por miles de indígenas.

todavía más directamente a nuestro tema. Refiriéndose a Sarmiento establece:

Lo nuevo no fue que Sarmiento viajara, ni qué países visitó: *lo nuevo fue que escribió un libro sobre ello*. Era frecuente que los criollos hispanoamericanos viajaran a Europa y mandaran a sus hijos a estudiar allí; pero *no produjeron una literatura sobre Europa*. (329, subr. míos).

Cabe recalcar que Sarmiento no solo no fue el primero en viajar sino que tampoco fue el primero en escribir un libro sobre su viaje. Alberdi publica, apenas regresa de su viaje, *Veinte días en Génova*, editado en Valparaíso por la Imprenta del Mercurio, en 1845, con una extensión de ciento cuarenta y dos páginas. Consiste en una serie de artículos escritos en 1845 sobre la base de sus apuntes de 1843, publicados primero como folletines en *El Mercurio*, diario de Valparaíso (Weinberg 1993: 1010). Y no es un escrito oculto en los archivos, sino que ya ha sido tratado con detalle por más de un estudioso (Weinberg, Viñas, Pagni). Los escritos que como viajero dejó Florencio Varela, anteriores al viaje de Sarmiento, se han publicado póstumamente en 1975 (Weinberg 1993: 1010)[11].

La libreta de apuntes: *Roma*

El punto de partida de las páginas que siguen fue el hallazgo de una vieja libreta de notas en la colección Cané del Archivo General de la Nación ("Roma")[12], que contiene apuntes del viaje de Miguel Cané por Italia. Con setenta y un folios de los setenta y tres originarios, se encuentra casi completa y en buen estado de conservación. Está

---

[11] Alberdi llegó a Europa el 6 de junio de 1843; Varela, el 8 de octubre de 1843; Sarmiento, el 6 de mayo de 1846 (Weinberg 1993: 1006).
[12] He preparado una edición crítica (Curia 2005).

encabezada por un escrito titulado *Roma*, que funciona a modo de introducción global, e incluye además los capítulos *1. De Civitavecchia a Roma. San Pedro a las dos de la mañana, II. Vista General, [III.]Roma subterránea, IV. La Italia musical*. Esta sección sobre la música no se refiere a Roma sino a Génova y Florencia, ciudades que ha visitado previamente. Al final existe una serie de anotaciones, a modo de ayuda memoria, con mención de lugares, recorridos, personajes, obras de arte. La parte general está datada el 7 de mayo de 1851. La fecha del final es "Mayo 28 de 1851".

Una parte del texto de la libreta, reelaborada, entra a formar parte de la breve narración *Fantasía*, que Alejandro Magariños Cervantes publicó en el tomo IV de la Biblioteca Americana (Cané 1858 a: 220-229). Cané narra que ha soñado con Roma en los días de colegial, la ha imaginado una cima de cultura superior a toda otra, ha creído que bebiendo en sus fuentes podría transformar su propia patria. El manuscrito consigna:

> [...] pero los gusanos se introdujeron en su vientre, y sacudída por los vendavales del setentrion, vino á ser como la prostituta à quien toman y desprecian un minuto despues los bestiales q. no aman la criatura sino el deleite carnal.- [...] debilitada en sus miembros, le queda la doctrina y de la doctrina, debil por sus nuebos apostoles, nacio la prostitucion de los principios, y de esa prostitucion el estado actual. ¿Que es hoy Roma? — Mirad sus calles, sus plazas, sus monumentos, su vida: todo esta muerto, todo os llena el alma de melancolía y de disgusto. Si, hasta los monumentos han muerto ("Roma"; Cané 2004: 79).

Todo el fragmento queda sustituido en *Fantasía* por un párrafo que condensa el desencanto y la distancia entre la "fantasía" y la "realidad":

> Esta ilusion duró veinte años [...]. ¿Quereis que os diga que la fantasia era preferible à la realidad?.... ¿que con ella murieron ilusiones que ya eran parte de la existencia, secretos que se saboreaban en silencio, en la amargura de los desengaños cuotidianos? No, porque vosotros sabeis que el deseo satisfecho y la dificultad vencida.... (1858 a: 221).

Desencanto y distancia que presiden el texto conservado en los apuntes. La imagen culturalmente legada de la vieja Roma se superpone, a través de la visión del hombre comprometido con las ideas de su generación, con la de Roma a mediados del siglo XIX.

Probablemente el desengaño sea más afectivo que intelectual. Hacia 1838, en efecto, Cané ya admite que los factores de progreso que se copian de Europa llegan al Río de la Plata tardíamente, cuando han dejado de ser operantes en el Viejo Mundo (Cané 1838 d: 54). Asimismo se pregunta por entonces: "¿Que nos queda [...] del pueblo símbolo, del pueblo que representa la obscura idea del pasado?" (1838 d). Y responde: "Tumbas, atrazo, tirania" (*ibid.*). Italia se ha derrumbado, pero rescata a la *Joven Italia* del siglo XIX, el "movimiento progresivo de la inteligencia italiana" (Cané 1838 e), que, conducida al destierro, será dueña del porvenir[13].

---

[13] Ciertamente en sus valoraciones tienen que haber influido Garibaldi y otros exiliados italianos, entre los cuales había hombres de letras que se dedicaron a estudiar a los escritores locales y a hacerlos conocer. Giambattista Cuneo, por ejemplo, partícipe del Salón Literario y colabo-

En contraste con Florencia, "la coqueta siempre en traje de boda", o con Liorna, "la clara, bulliciosa y amable", Civitavecchia aparece como una ciudad "inmunda, pobre", una tumba, "una mala tumba" (Cané "Roma": 10; 2004: 85). El viajero configura un colorido cuadro de costumbres con nada desdeñables ribetes humorísticos. Plasma el regateo de precios con changadores andrajosos y hambrientos, entre aullidos guturales e incomprensibles, el viaje en coche, que no es mejor, en cuyo transcurso lo aturden los gritos, y debe soportar empujones y olores. Surgen una y otra vez los regateos por dinero —costumbre que pinta también Sarmiento—, y el viajero manifiesta repugnancia por el castigo a los animales de tiro. "Cada posta —observa— es una estacion como las de Cristo" (15; 2004: 89).

A esto se añade la pobreza: "Luego vienen los pobres. Se diria un enjambre de ormigas esparcido sobre todo el territorio italiano, sigue al viajero" (15-16; 2004: 90).

La llegada a Roma, a las dos de la mañana del 7 de mayo, lo enfrenta a la imagen de San Pedro:

Al costear la muralla q. conduce à esa puerta [dei Cavalleggeri], se descubria à dos millas de distancia, en medio de las sombras de la noche, en el silencio de la inmensa ciudad adormecida, una mole inmensa, parecida à la boveda q. cubre la tierra. [...] silenciosa como debio producirse la creacion del mundo (18; 2004: 92).

Desarrolla en las páginas que siguen esa imagen hiperbólica que muestra bien a las claras su carácter mítico, primordial, de perfiles genesíacos. Coincide con el estereotipo y con las expectativas del viajero: "voi pues à encontrarme cara à cara con los maestros en todo" (20;

---

rador de *El Iniciador* (Weinberg 1977: 47). Cúneo publica en el periódico dirigido por Cané el artículo "He leído El Iniciador", con el alfónimo C. A., donde efectúa un diagnóstico de la realidad europea..

2004: 94). La imagen no tardará en verse mancillada por las miserias humanas. El pueblo es culpable de las cadenas políticas: la mayor parte del territorio italiano "se encuentra en el estado q. todos conocen; mas por la inercia publica, q. por la fuerza y autoridad de sus gobernantes" (21; 2004: 95). No menos deletérea es la "atmósfera claustral". La Iglesia, a través de diversas órdenes religiosas, pesa sobre "las fuentes vivificantes de la sociedad" y la miseria, "la plaga mortífera de la ciudad santa", lleva a la corrupción y el delito (22; 2004: 96-97).

A Cané, que ya ha acumulado alguna experiencia, Roma le produce desagrado y desilusión en aspectos tan diversos como las mujeres, las obras de arte, las calles, los monumentos, la comida.

La Via del Corso, bullente de movimiento, gente y carruajes, le parece una pobre imitación de los bulevares de París, la Strada Nuova de Génova o la Via Calzaiuoli de Florencia. El Palacio de los Césares ha terminado cobijando el pasto para la caballería francesa y junto al templo de Venus "hay una pulperia inmunda, donde se frien alcahuciles, pescados, y todas esas indigestiones a que los romanos llaman alimentos" (43; 2004: 112-113).

En la imagen de las mujeres romanas plasma una declinación paralela a la de la ciudad y el arte: "desnaturalizan la raza, sin acordarse q. ellas y las ruinas, porq. tambien son ruinas las pinturas de Rafael y Miguel Angel, gracias a la incuria de estas gentes, es lo mejor que tiene Roma" (24; 2004: 98). Las trasteverinas, a quienes el estereotipo atribuye la altivez de las antiguas romanas, cubierta de harapos, en la peor miseria, se venden, pedigüeñas y egoístas. Al final de la libreta —en una serie de anotaciones realizadas sobre el dorso de la contratapa y la última página— consigna Cané, probablemente como recuerdo de algún encuentro ocasional de cierto interés: "Magdalena la Trasteverina". Por contraste, la mujer de alta posición social "es bella y elegante", de "palabra melodiosa y tranquila, la mirada insinuante" (26: 2004: 99). Más adelante, Cané informa: "El palacio de los Cesares, hoy granero de la caballería francesa. La visite con su propietaria bella y amable S^a romana" (2004: 138)[14].

Cané titula "Roma subterránea" una sección de sus apuntes que muestra a Roma sometida por el papado y por el invasor. "Aunque este titulo sea una profanacion de la bellisima obra de Mr Didier — aclara—, el explica perfectamente el contenido de este capitulo" ("Roma": 43; 2004: 113). Describe aquí a "la matrona cargada de siglos" convertida en cuartel militar, sojuzgada por extranjeros. Trompetas, cajas de guerra, ruidos de sables, "batallones en uniforme" la cruzan en todas direcciones, incluida la Via del Corso, *rendez-vous* del lujo y la sociedad selecta de toda Roma. Muchas veces los soldados atacan sin motivo a los paseantes que, rodeados por las tropas de "la Republica francesa", desaparecen sin que se vuelva a saber de ellos (43-45; 2004: 113-114).

Varias páginas están destinadas a detallar la explotación de los paupérrimos habitantes de Roma por parte del clero que, inútil y ocioso, es sostenido por ellos. El comercio y la industria "duermen inactivos como las bellisimas campiñas que rodean a Roma, incultas, desiertas y solitarias solo porque faltan las manos que deben arrojar el trigo y la semilla" (48; 2004: 117), porque se ha fomentado la indolencia del pueblo, que no se mueve sino para mendigar o para asaltar al extranjero en las calles menos concurridas.

---

[14] En *Fantasía* no visita el Palacio de los Césares con una dama romana, sino el Coliseo.

Es interesante confrontar la imagen de Roma y del papado que había ofrecido Sarmiento cuatro años antes[15].

Cané y Sarmiento coinciden en percibir la decadencia italiana, pero es muy diferente su imagen del Papa. Tiene enorme peso aquí el cambio de circunstancias históricas. Pío IX, abierto a las perspectivas liberales, fue un ídolo popular hasta que la agitación republicana de 1848 lo sacó de Roma. Desde su regreso en 1850 hasta 1870 fue el gobernante reaccionario de los territorios amenazados por el movimiento por la unidad italiana y sostenido sólo por las bayonetas francesas[16].

A la hora de analizar las perspectivas futuras de la situación política, Cané juzga el poder temporal de los papas como "un negocio concluido". El pueblo soporta la doble tiranía de Francia y el papado, "pero nos parece —consigna Cané— q. pronto abrirá el leon sus fauces y q. nuevas vísperas sicilianas se preparan" (45-46; 2004: 115). Las doctrinas de Mazzini, cree, serán ajenas a esto, porque nadie se ocupa de ellas, ni las analiza, ni examina la conveniencia de su aplicación.

El Cané apasionado por la ópera italiana suma nuevos desencantos a los ofrecidos por la ciudad, la política, las mujeres. El refrán que encabeza el fragmento *La Italia musical* es la síntesis de su opinión sobre la música italiana en Italia: "En casa del herrero, cuchillo de palo, dicen los españoles"

---

[15] En especial "Roma" (Sarmiento 203-253). El sanjuanino escribe sobre Roma el 6 de abril de 1847. Aunque también él advierte la "miseria" y el "abandono", sus elogios al cardenal Mastai son reiterados y subraya tanto la diferencia diametral, desde el punto de vista de la amplitud ideas, entre el prelado y la mayoría de sus colegas, como el beneplácito con que fue recibido su pontificado por los espíritus libres.

[16] Tal vez "el sacerdote romántico por excelencia de este siglo fue la figura misma de las tribulaciones, de las desdichas y las glorias, de las fidelidades y las derrotas, de las rigideces y de las grandezas de la Iglesia, esto es, Giovanni Maria Mastai Ferreti, papa Pío IX" (Boutry 238).

("Roma": 56; 2004: 123). Cané subraya el contraste entre sus expectativas y la realidad y revela cómo pudieron influir en la configuración de su imagen del Otro las experiencias de los amigos viajeros:

> [A]costumbrado à los que se dan en la grande Opera en París, creía q. en Genova se gustaba comprender el poema q. se ejecutaba, y luego, mi amigo el Dor. Alberdi, en su panfleto 15 días en Genova, me había dado falsas y exageradas ideas; en fin el bailé concluyo cuando mi paciencia estaba ya agotada (63; 2004: 129-130; Alberdi 1845).

Aun cuando los objetivos del viaje de Cané resultan declaradamente abarcadores —en Roma su espíritu podría "dominar la ciencia, las artes, todo lo q. los hombres han creado como dominaban los romanos" (2; 2004: 77)—, Alberdi tiene como meta expresa estudiar el derecho y Sarmiento, la educación, los tres se abalanzan con avidez sobre Europa para aprehender hasta el menor detalle del pasado y presente de esos países cuyas respectivas culturas habían sido en mayor o menor medida germen de la propia.

La adopción de pautas culturales europeas no fue realizada sumisa y acríticamente por nuestros románticos. No nos encontramos ante la voluntad de contribuir a transculturaciones europeas, sino aculturaciones tendientes a reconfigurar —positivamente, en la visión de los viajeros— la realidad rioplatense y a subrayar a través de las diferencias la propia identidad.

En lo que respecta a Alberdi, me centraré de modo particular en los capítulos III y IV de *Veinte días en Génova*, dedicados a sus visitas al teatro "de *Carlo Felice*, en Génova, rival de los teatros de la Scala, en Milan, y de *San Cárlos*, en Nápoles" (1845: 20). En la primera asiste a la representación de "*La Beatrice* de Bellini", tras lo cual se dirige al lector, acotado como "Lector de mi país", y le aconseja:

> Delante de un italiano, sírvete no decir que conoces el *teatro*, esta *portentosa creacion de la industria humana*; ni nombres siquiera esta palabra, porque le darás lástima, si él sabe que la aplicas a *esas furiosas farsas*, que en nuestros paises decoramos con este vocablo delicado" (*ibid.*, subr. míos).

Los vocablos que he destacado marcan el contraste entre la excelencia que ha descubierto en la representación a la que ha asistido y el estado todavía primitivo del espectáculo teatral en su país. Ese contraste sirve para mejor apreciar lo que Alberdi considera una carencia rioplatense.

Narra seguidamente Alberdi (20-21) que, cuando se levantó el telón, "*[E]l olimpo mitolójico*, con sus *dioses*, *héroes* y *esplendores*, me pareció que se abria delante de mis ojos" (los subr. son míos). No es para menos, ya que lo deslumbran "[f]iguras *brillantes, de una majestad desconocida* para mí; ecos de una música *jigantesca*; las proporciones álpicas del edificio; *raudales* de *vivísima* luz". Y, a diferencia del bullicioso público que criticó ácidamente Cané, Alberdi declara su asombro por, "mas que todo, la *impasibilidad* del público, que me parecia compuesto de cadáveres sembrados por los *estragos de la belleza*.... Es lo que me ofreció el teatro, en el primer instante".

Con respecto al baile, tras establecer que el baile mímico o pantomímico, que a su juicio constituye "la parte mas importante de la ópera" y es "el arte de las artes", recalca "es cosa de que no tenemos la menor idea en América del sud". Elogia la perfección con que es ejecutado, al punto que los centenares de danzantes de ambos sexos agrupados en columnas parecen "un solo individuo que se refleja en cincuenta espejos" (22). Insiste en la diferencia con lo americano, comparando a estos bailarines con "aquellas figuras grotescas que en los bailes de espectáculo, acostumbramos ver en nuestros países". Del mismo modo alaba el oído del público italiano, "juez *adiestrado y recto*, en la balanza del cual pesan hasta los mas vaporosos defectos" (*ibid.*, el subr. es mío).

El capítulo IV viene a demostrar que segundas partes nunca fueron buenas. Confiesa que los actores y la representación esta vez "me asombraron menos", al punto que "los portentos de la primera noche, lleguen a parecerme *cosas mui ordinarias.* Era la Norma la ópera que en esta funcion tenia lugar" (27, subr. mío).

Como esta música se repite mucho en partituras para piano en América[17], ya no tiene para él la virginidad de lo que se oye por primera vez, y no imagina cómo el público italiano puede gustar quince o veinte veces una ópera. Esta confesión parece revelar que el músico y compositor Alberdi no sentía, en definitiva, particular afición por la ópera. Como contraste rioplatense que demuestra la existencia en estas tierras de verdaderos aficionados al arte operístico, vale la pena citar a Santiago Calzadilla, quien en *Las beldades de mi tiempo* recuerda —se refiere a 1824, cuando llegó a Buenos Aires la primera compañía de ópera:

> Y no había que cambiar de ópera a cada noche, porque con tan competentes y escrupulosos intérpretes, en cada representación de una misma pieza descubría el

---

[17] P.e., el 22 de noviembre de 1845 anuncia el *Comercio del Plata* una función instrumental y vocal, en cuyo transcurso "[...] El maestro Rafael Lucci ejecutará con su hija Da. Carmela en el piano forte el final de la inmortal ópera *Norma* de Bellini: 'Qual cor tradisti' [...]." En la tercera parte, los mismos intérpretes ofrecerán el "Dueto de la ópera *Norma* del maestro Bellini: 'In mia man al fin tu sei' "; el 31 de enero de 1847, en una "Variada función lírico- dramática y mímica por la Compañía Italiana", se anuncia: "Escena y cavatina 'Pollione' de la ópera *Norma*, por el Sr. Solari". (Weinberg y colab. 297).

auditorio bellezas nuevas, de esas que solo la repetición, preparando el oído, hace al fin comprender... porque [...] para el público el estudio es...el *oír* y volver a oír y aun *oír* más lo ya oído. De otro modo no hay posiblilidad de llegar al goce, a la fruición que procura la música (127-128).

Alberdi analiza sociológicamente las características del público y señala que, como la nobleza no abre sus salones a las concurrencias nocturnas, "los comerciantes acomodados prefieren este barato e independiente jénero de pasatiempo, al de los círculos o sociedades privadas". Observa que los genoveses han sustituido el "silvido pifion, abandonado como inurbano y falto de jenerosidad" por "otro signo de reprobacion", que "consiste en un *schit*... prolongado y apenas perceptible el cual puede interpretarse ambiguamente, — o como hecho para reclamar el silencio a los que le interrumpen; o como dirijido a los actores que despedazan el trozo en escena" (28). El contraste con ruidoso público de Cané es total.

"Sarmiento frecuenta la ópera, espectáculo que aprecia particularmente, considerándolo como la expresión más vital, más original y de mayor repercusión universal de la Italia del siglo XIX", subraya Vanni Blengino (822). Así lo confirma el *Diario de gastos* del viajero sanjuanino (Sarmiento 471-568). Aunque consigna en ese diario diversos espectáculos a los que ha asistido en Italia —suficientes para demostrar su interés—, no los comenta en el texto de los *Viajes* (cartas al Obispo de Cuyo y a Juan María Gutiérrez). En Génova: "Theatre Opera *Attila*", "Opera Luisa et ballet", "Robert il Diavolo", "Theatre Les deux Foscari", nuevamente "Opera. Attila", "Teatre trajedie". Asiste a la representación de una tragedia en Liorna, va al "Teatre d'Apollo C. Grisi", en Roma, "Teatro Argentino, equilibristas", "Música sagrada" y otra vez "Teatro". En Florencia, "Opera Los dos Foscari", "Opera Beatrice Tenda", "Teatro, Torquato Tasso". Venecia: "Teatro",

"Teatro Apolo, Attila". "Teatro Olímpico, en Vicenza". En Milán: "Teatro". En Como: "Teatro il furioso". Estamos en enero y febrero de 1847.

Según precisa Paul Verdevoye, aunque ese silencio "no significa indiferencia", otro tanto ocurre con los espectáculos que ha visto en Francia (1993: 658). Merece rescatarse una opinión de Sarmiento sobre los edificios teatrales de Francia y de Italia que se desliza al pasar en la carta a Victorino Lastarria, del 15 de noviembre de 1946, donde se refiere al teatro *el Príncipe* de Madrid: "[...] elegantemente decorado en el interior, i *como los teatros italianos, mui superior, en cuanto efecto, a las grandes y suntuosas pocilgas de Paris*" (147, subr. mío). Y esto es todo. Sarmiento no incluye referencias a los teatros italianos que puedan ser tenidas en cuenta como imágenes construidas a partir de la experiencia en Italia, ya que esta frase se escribe después de haber estado en Francia, pero antes de llegar a Italia. En suma, se trata de un estereotipo positivo, elaborado sobre la base de lecturas diversas y narraciones de otros viajeros.

Alberdi considera que "la Europa vista y tratada por los americanos" es un "objeto de estudio" que los países americanos deben cultivar, para completar la información proporcionada por viajeros europeos, incapaces "de tomar el punto conveniente de vista para guiar la *curiosidad del lector en América* (1, subr. mío). Sarmiento ofrece sus páginas —"una miscelánea de observaciones, reminiscencias, impresiones e incidentes de viaje"— a sus "amigos", pero estos lectores declarados implican a otros lectores potenciales y deseados (Pagni 269). El escrito de Cané es autobiográfico. El relato, en primera persona, no consiste en un escrito intimista, consuelo solitario de la frustración ante la Italia real. La aparición esporádica de la segunda persona del plural, interrogaciones y respuestas, reiteraciones, van configurando la presencia de un destinatario interno del discurso, tras el cual asoma el lector ideal: el rioplatense culto y liberal con quien comparte valores y creencias. Más precisamente, los que, sin conocer por experiencia propia Italia, sueñan con ella y la aman, movidos por influencias culturales de índole diversa, en especial literarias.

Tanto Cané como Alberdi y Sarmiento datan sus textos en Europa; es decir, en un ámbito *otro* que se confronta con el *propio*. Sin embargo, aunque en líneas generales el paradigma sea Europa y, consecuentemente, la civilización —concebida como una carencia—, no tienen reparos en dejar sentadas sus objeciones a lo que observan y a marcar, si cuadra, su preferencia por lo que puede observarse en su país. Los tres pretenden seleccionar de su experiencia europea aquello que contribuya a desarrollar las posibilidades que ofrece su tierra de origen para convertirla en un país civilizado.

Lo cierto es que Sarmiento disfruta reiteradamente del teatro y de la ópera, pero no escribe acerca de ellos en sus *Viajes*; las observaciones que trae a cuento pertenecen a otras esferas de la cultura. Alberdi relata con vividez su experiencia operística y con cierta distancia crítica. Cané coloca en un lugar central las funciones de ópera. Les dedica tanto espacio en su relato como a la política, a la organización social, a la economía, a la Iglesia, y se advierte que la desilusión que le ha provocado Italia en su conjunto destiñe sus negros tonos sobre el juicio del melómano.

No es un secreto la admiración que alentaba en la Joven Argentina no solo por la obra de Byron —son testimonios irrecusables el *Peregrinaje de Gualpo* de Echeverría, los *Cantos del Peregrino* de Mármol—, sino por su vida aventurera y su muerte heroica. Aunque Cané ciertamente compartía ese entusiasmo, Byron no figura entre los autores que recurrentemente nombra y elogia. Sin embargo, apenas se confronta el texto de su libreta de notas con el canto IV de *Childe Harold's Pilgrimage*, se advierte hasta qué punto Byron ha contribuido a configurar no sólo la imagen mítica de Italia legada culturamente, sino la imagen disfórica construida por el propio Cané.

En el canto IV de la peregrinación de Childe Harold, escrito entre junio y diciembre de 1817 y el 2 de enero de 1818, se conjugan lo leído y lo vivido, y Byron deja en segundo plano a Harold para trasponerse a sí mismo en el yo que narra (Guardia 590). Partiendo de Venecia, amada desde la adolescencia —"I loved her from my boyhood; she to me / Was as a fairy city of the heart [...]" (Byron 230, Estr. XVIII)—, pasa por Ferrara y Florencia, y llega a Roma, ciudad que, como Cané, ama con sentimientos de proscripto: "Oh Rome! my country! city of the soul!" (238, Estr. LXXVIII). Se manifiesta contra las tiranías, de las que hace responsables no solo a los tiranos sino a los pueblos que les obedecen y acrecientan sus cadenas en lugar de forjar su libertad, y defiende la necesidad de ganar la libertad por medio de la fuerza, como han hecho los americanos con sus opresores. No debe olvidarse que el poeta inglés, decidido a participar en la lucha contra el sojuzgamiento que Austria y el Papado ejercen sobre Italia — "Detesto a los austríacos y considero que los italianos están oprimidos de una manera infame" (cit. por Guardia 639)—, amigo de Manzoni y Pellico, convertido en carbonario militante, arriesga su vida y proporciona ayuda económica a los conspiradores.

Byron recorre Roma con entusiasmo, pero junto al Panteón, la tumba de Cecilia Metella, el Coliseo y otros testimonios del esplendor pasado, descubre que

>Rome—Rome imperial, bows her to the storm,
>In the same dust and blackness, and we pass
>The skeleton of her Titanic form,

Wrecks of another world, whose ashes still are warm (Byron 234, Estr. XLVI).

Como tres décadas más tarde lo haría Cané con el Palacio de los Césares, visita el Coliseo a la luz de la luna. Medita sobre la historia de Roma, sobre la ambición y el poder ilimitados que han ido cegando a los gobernantes y han llevado a la esclavitud del presente.

Los triunfos y las glorias de Roma le parecen sintetizados en el Coliseo:

> Arches on arches! as it were that Rome,
> Collecting the chief trophies of her line,
> Would build up all her triumphs in one dome,

Her Coliseum stands; the moonsbeams shine [...] (244, Estr. CXXVIII).

Del mismo modo que Cané destaca la perduración de la antigua Roma en sus ruinas:

> El grupo inmenso de los baños de Caracala viene a impresionar nuestros ojos, y diríais q. es el reflejo caprichoso de la Luna el inmenso esqueleto del Coliseo— ¿Que es hoy S^n Pedro, la obra gigante de los tiempos modernos, el gran orgullo de los catolicos, al lado de esas ruinas—? Caracala podría contenerlo en uno de sus baños, tapizados de mosaicos, q. hasta hoy son nuevos— y el Coloseo llevarlo sobre sus espaldas invencibles– El tiempo, los hombres, la barbarie, todos los elementos destructores han batido en brecha esas ruinas, y las ruinas estan en pie desafiando al tiempo, à los hombres y à la barbarie de los papas ("Roma": 41-42; 2004: 112).

En suma, aunque admiración temprana, sueño del viaje, cima de la civilización ("O'er her steps of broken thrones and temples, Ye! / Whose agonies are evils of a day— / A world is at your feet as fragile as our clay", (Byron 238, Estr. LXXVIII), decadencia, amor a la libertad, lucha contra la tiranía, son motivos que se modulan de manera diversa en las obras de Byron y Cané, las coincidencias sugieren, sin desdeñar los aportes de la experiencia a la visión del argentino como viajero, un influjo del primero sobre el segundo.

La libreta permite, por contraste con una pieza documental, evaluar el peso de la ideología latente o explícita en las novelas. Nada impide considerarla como un primer borrador del texto literario, y de hecho una parte entra a formar parte de *Fantasía*. Los apuntes, con escaso o ningún tamiz literario —al menos, con una espontaneidad que se advierte en el ritmo ágil de la escritura—, no son, sin embargo, más críticos que algunas páginas de *Esther* (Cané 1858 a: 47-48; con referencia a la Iglesia y las religiones, 96-97).

También resulta de interés el contraste con otros apuntes de viaje publicados póstumamente, los cuales muestran a un Cané ilusionado con la potencialidad de la juventud italiana para transformar su patria.

Bien advierten Pichois y Rousseau (59) que "alrededor de algunas ciudades se han forjado auras, verdaderos mitos: Roma, Florencia, Nápoles, Venecia, Weimar, París". Y también es cierto que "[n]o se ve mejor a un país, donde se encarna un mito en el que uno cree, de lo que se ve a una mujer a la que se ama", según expresan, y remiten (102) a Malraux, *Les Noyers de l'Altenburg*. Cané, el enamorado de Italia, actúa como un amante despechado y reacciona con intolerancia ante todos los contratiempos y fealdades, vitupera con indignación el sometimiento político, enjuicia a la Iglesia, al papado, a los frailes y sacerdotes. No recuerdo ninguna diatriba anticlerical tan acerba en la producción de los hombres del 37.

El estereotipo, destaca Pageaux, "se sitúa con frecuencia en el campo del epíteto, de la adjetivación" (108). El campo conceptual que abarcan adjetivos y sustantivos (reductibles a adjetivos, como *montaña / elevado, corona / majestuoso*, etc.) es el de la superlatividad cualitativa y cuantitativa: *señora, alta, vencedora, dominante, gigante, montaña, grande, vasto, coloso, regeneradora, origen de la ciencia, del arte, coloso del mundo inteligente, antiguo, ciudad eterna, mosaico de grandeza, heroísmo patriótico, superioridad en todo, corona, respetable de todos*. Por contraste, el campo conceptual que emerge de la imagen forjada por la experiencia del viajero es el de la decadencia. Incluye adjetivos y sustantivos como *prostituta, débil, gusanos, embrollo, mentira, chicana, inmunda, impotente, pobre, andrajosos, hambrientos, pobres, inercia, espía, esbirro, miseria, corrupción, delitos, atroces, maldad, incuria, harapo, pedigüeñas, egoístas, tiranía, escandalosos, feos, innobles, ineficacia, inconveniencia, indolencia, injusticia, persecuciones, delación, ruina, explotación, inútil, ocioso*. Un subcampo positivo corresponde a la valoración de las damas romanas: *bella, elegante, melodiosa, tranquila, insinuante, bella, amable*.

En principio, estas dos series revelan que: 1. La visión de Italia que trae Cané desde el Río de la Plata es una visión eufórica, mítica, ubicada por tanto en un *illo tempore* despojado de contingencias. 2. La imagen que construye tiene una organización disfórica condicionada por la circunstancia sociohistórica y política. Lo que se contrapone no es, *stricto sensu*, la imagen que Cané había forjado en el Río de la Plata respecto de la Italia política y social con la que configura el viajero. El término de comparación es la imagen mítica legada culturalmente por la literatura.

Esther

Esther, fechada en "Florencia y mayo de 1851", se publicó parcialmente poco después del regreso de Cané a

Montevideo en abril de 1852. Los dos primeros capítulos constituyen el material más voluminoso de la primera entrega —y aparentemente única— de *La Brisa*, periódico que "se publica por la Imprenta ARGENTINA todos los sábados de cada semana" y cuyo "objeto principal será ocuparse de obras originales americanas", según se enuncia en el mismo impreso, datado en Buenos Aires el sábado 4 de setiembre de 1852[18]. Esta primera edición parcial de la novela se desconoce en nuestra historia literaria. Honrosa excepción, una nota a pie de página de Rafael Alberto Arrieta en la *Historia de la literatura argentina* (II, 158, n. 11) por él dirigida confirma este aserto.

Otro capítulo —el quinto—, con el título *Fragmento de viaje. V. Esther* y la aclaración "Pertenecen á una narracion inedita del Dr. Cané, que pronto será publicada en el *Comercio del Plata*", se ofrece en *La Tribuna* el viernes 1.° de febrero de 1856.

Habrá que esperar hasta 1858 para la publicación completa de la novela en el tomo IV de la Biblioteca Americana de Magariños Cervantes (Cané 1858 a: 25-105). El editor manifiesta que "la *Esther* [...] ve recien la luz pública" (22), y nada aclara acerca de anteriores ediciones parciales.

Las fechas resultan particularmente importantes no sólo desde el punto de vista del desarrollo de nuestra narrativa, sino con respecto al movimiento romántico argentino y también en lo que atañe a la interrelación cultural de la Argentina con los países europeos.

Discutible es el valor narrativo intrínseco de *Esther*. Tres motivos se entrelazan para formar una trama más o menos convencional: la salvación de una mujer en un momento de peligro por la acción heroica de un hombre

---

[18] Se conserva en la Biblioteca Juan María Gutiérrez de la Biblioteca del Congreso de la Nación.

y el enamoramiento entre ambos; el amor extraconyugal —adulterio no consumado—; el amor que trunca la muerte.
Estrictamente hablando, no hay originalidad manifiesta en la tematización de estos motivos. Sin embargo, la índole autobiográfica de los acontecimientos narrados, que el autor reivindica más de una vez, y la explícita voluntad de trasponer literariamente episodios verdaderos forman parte de una poética de la novela que es preciso tener en cuenta.

Resulta evidente a través de más de un documento que, sin desdeñar su valor como novela, Cané veía a *Esther* como parte de un *álbum de viaje*.
Tan pronto como, al regreso de su segundo viaje a Europa, pisa las orillas del Plata en abril de 1852[19], empieza a ocuparse con interés más que mediano de publicar sus escritos europeos.
Tres cartas dirigidas a Mármol en poco más de veinte días dan cuenta de su impaciencia. En la primera de las misivas, del 13 de mayo, solicita indirectamente a su corresponsal que lo ayude a publicar su obra:

> Si Vd. estubiese a la cabeza de alguna redaccion le mandaria algunos pedazos de mis viajes, q. no estan muy mal escritos, pero aguardaremos reunirnos y decidiremos (1852 a).

Las dinámicas líneas de la segunda carta, fechadas en Montevideo el 30 de mayo, testimonian que el proyecto ha dado lugar a la acción y Cané ha remitido sus manuscritos antes de tener respuesta de Mármol:

---

[19] Cané partió por primera vez hacia Europa el 8 de octubre de 1847 y regresó a fines de 1848. El segundo viaje abarca el lapso comprendido entre el 3 de setiembre de 1850 y abril de 1852 (Mujica Láinez).

> Mi querido Mármol.
> Aunque no he tenido contestacion de V.d á mi primera carta, supongo que no me guarda rencor, y como interesa á mi felicidad que su amistad sea siempre igual para mí, me atrevo a remitirle esos borradores de una Narracion que escribí en Florencia — Es un capitulo que desde su origen fue dedicado a Vd: acepteto y dele publicida [*sic*] si lo cree digno, y díga algunas palabras sobre su viejo amigo que aun esta lejos de la patria, y mas contrariado q. lo fue en toda su vida (1852 b).

La tercera carta, algo más cautelosa, muestra un tono anímico que oscila entre la melancolía y la desesperanza:

> Yo escribí en Florencia el capítulo de mi Ester que le remití por Soulé, y lo escribí teniendo toda mi mente ocupada de V. Esa Ester no es una creacion sino una realidad, y si me atreviese á dar publicidad á toda la narracion estoy casi cierto de q. le gustaria —: pero la opinion que mis enemigos han hecho formar de mi me aterra, y me ha desengañado de q. [?] es necesario empezar de nuevo, y ya soi [?] viejo: ¡Cuando pude imaginarme situacion semejante! (1852 c).

Esta carta, fechada en Montevideo el 4 de mayo 1852, está bastante deteriorada desde el punto de vista material, particularmente por la tinta desleída que torna en ocasiones muy difícil la lectura. Un agregado de Mármol después del saludo inicial de Cané precisa: "carta del 17 [*sic*] de Mayo, llegada á mis manos hoy tres de Junio". Con evidencia incontrastable, las otras dos cartas son anteriores, a pesar de la fecha consignada por el remitente, de la proporcionada por el destinatario, de la asignada al documento en el AGN —4 de mayo— y de que ésa sea la fecha que la letra de Cané y el empalidecido manuscrito dejan leer.

Encuentro una explicación que permite resolver las contradicciones y respetar la secuencia que las pruebas internas establecen: como ocurre más de una vez a los hombres de letras y de acción, a Cané se le escurría el tiempo entre los dedos y el mes de mayo de 1852 había dado ya lugar a junio cuando escribió su tercera carta a Mármol, el 4 de junio de 1852; la fuerza de la costumbre hizo el resto.

Tanto López como Mármol, autores de *La novia del hereje* y *Amalia* respectivamente, eran los novelistas de mayor aliento que habían dado hasta entonces las letras argentinas. La novela de López se imprimió en su edición definitiva durante el transcurso de 1855, aunque esté fechada en "1854", y la tirada en volumen finaliza aproximadamente en mayo de 1856[20]. La edición definitiva de *Amalia* es también de 1855 (Curia y colab. 1990: 9).

Para López, la novela debe tener una finalidad moralizante (1845: 297). Así se explican las objeciones —relativas al adulterio y a un temple anímico cargado de pesimismo— que plantea en una carta a Cané, publicada por la Biblioteca Americana (López 1858) y citada más de una vez por críticos e historiadores de nuestra literatura.

Bueno es recordar aquí que, si bien el adulterio de *Esther* no se consuma, las heroínas de la novela argentina no habían llegado a una admisión inequívoca del amor culpable. Como antecedente, valga su prima literaria Soledad, cuyo amor, legitimado por la oportuna muerte del marido, tiene un final feliz y decoroso (Mitre 1928)[21].

---

[20] Así lo ha establecido Hebe Beatriz Molina (1987; 2011: 119-127).
En el número 724 de *La Tribuna*, el mismo en el que se publica por primera vez el capítulo quinto de *Esther*, aparece el anuncio: "Obra nueva/ --/ La Novia del Hereje/ o/ La Inquisición de Lima./ por el doctor/ D. Vicente F. López./--/ Librería central de Lucien é hijo, calle de la Victoria/ número 49".

[21] Mitre, en su prólogo, asigna valor ejemplar a la novela (1928: 94).

Vicente Fidel López incluye una mención nada convencional de *Esther* en *La novia del hereje* y convierte a la protagonista en paradigma de la mujer europea. Aclara en nota que "La *Esther* es un episodio inédito de los *Viajes por Italia*, de nuestro compatriota y amigo el Dr. Cané, trazado con lujo y á grandes rasgos sobre los artistas y poetas florentinos" (López 1854: VII, 75; Molina 1987).

A pesar de los reparos morales que Vicente Fidel expone a su amigo en la carta ya mencionada, deja ver su agrado con respecto a la evocación artística de Italia y puntualiza:

> *Lo que es precioso en su manuscrito es la revista de las bellas obras del arte italiano.* Hay tanta viveza en sus evocaciones que á todo lector le parecerá lo que á mí —haber sido su compañero en esos paseos. *El estilo con que Vd. habla de todo eso se convierte en rasgos de buril*; me parece que viera su pluma tocando el mármol de las estátuas y los hombres de la historia florentina (1858: 270-271; subr. mío).

Desde otra perspectiva, la novela tiene marcado corte autobiográfico no sólo por las aseveraciones del propio autor con respecto a los hechos narrados[22], sino en lo que se refiere a su amor por Lucianita Himonet, la primera mujer, muerta en 1847, meses antes del primer viaje de Cané a Europa. La edición parcial de 1852 lleva una dedicatoria después eliminada: "A mi inolvidable L.". Tanto esta edición como la de *La Tribuna* y los fragmentos autógrafos de *Esther* existentes en el Archivo General de la Nación registran la presencia de un narrador protagonista, cuya primera persona, que tiende peligrosamente a confundirse con la de Cané, se desliza todavía en la versión de 1858

---

[22] Cf., entre otros documentos, su respuesta a la carta de López, incluida en el mismo tomo IV de la *Biblioteca Americana* (1858 a: 271-273).

(82). El texto logra un acento apasionado y una convicción que se pierde cuando Cané incorpora la máscara de la tercera persona. Resulta palpable el carácter autobiográfico del escrito, legitimado por lo demás a través del subtítulo *Fragmento de viage*.

Por lo demás, el lector atento advierte similitudes evidentes de la historia con la que vertebra *El Traviato*, la novela de Cané más "osada" para esa época.

El arte

Bastante más que el espacio de este ensayo sería necesario para dar cuenta detalladamente de todas las facetas del arte italiano que se examinan o aparecen sugeridas en *Esther*[23]. Lo mismo puede decirse de las referencias a la literatura italiana, desde Dante y Petrarca hasta Manzoni y los hombres que, con sus escritos o la acción, lucharon por la independencia de Italia.

Creo preferible y más provechoso para esta aproximación general de la estética de Cané señalar las adhesiones fervientes a ciertos artistas y obras que, a través del narrador o los personajes, manifiesta en la novela.

La iglesia de San Miniato interesa a Eugenio casi exclusivamente porque

> el siempre sublime Miguel Angel, [...] el autor del David peleó allí como simple soldado por la libertad é independencia de su patria [...] "quien puso sobre la frente de David esas arrugas que respiran guerra, victoria, heroismo [...] sentia dentro de sì mismo todos los sentimientos que traducia. [...] Miguel Angel era sublime de alma y de corazon, y por eso sus obras son sublimes sobre todas las otras (1858 a: 51; Vasari 986-7).

---

[23] Sonia N. Baldasso de Fiocchetta elaboró bajo mi dirección su tesis de licenciatura "Algunos aspectos del espacio en *Esther* de Miguel Cané (padre)", que da cuenta detalladamente de estos aspectos.

Eugenio desarrolla esta idea sobre la correspondencia entre el hombre y la obra cuando se refiere despectivamente a Bandinelli y descalifica su *Hércules* y su *Laocoon* (1858 a: 51-52). Cané proclama a través de su personaje la superioridad de Miguel Ángel sobre el resto de los artistas: "Donde encontremos [...] algo de ese hombre, serà necesario cerrar los ojos à todo lo demas" (90).

Es destacable la consideración de Cané —que también aparecerá en *La familia de Sconner*— de las obras "inacabadas" de Miguel Ángel:

> [...] mire V. ese jòven bosquejado por el Buonarroti, es un Apolo. Yo encuentro en las creaciones de este hombre, algo que no se descubre en los otros autores; su primer golpe de martillo es como el *fiat lux* del Hacedor, *y su San Mateo que es un pedazo de piedra para el que no tiene nuestros ojos*, dá idea exacta de la creación del hombre. Párese V. en la puerta del palacio de las *Bellas artes*, observe V. fijamente esa roca de mármol que està al frente, y verà poco á poco desprenderse de la piedra una figura de hombre, sublime de respeto y de heroismo religioso [...]. Yo no soy artista, Esther, pero las obras de Miguel Angel arrebatan mi alma, y comprendo la justicia de su fama" (91, el subr. es mío).

Cané está proclamando su identificación estética con Miguel Ángel y, de modo indirecto, alude al modo en que los románticos perciben obras de arte que evaden los cánones académicos. Frente a esta proclama, se comprende fácilmente su rechazo de las formas plenas y de las simetrías de Rubens en una crítica que adquiere ribetes grotescos cuando se refiere a dos de las batallas navales del maestro flamenco:

> Es una batalla que todos dicen perfectamente ejecutada; à mi no me gusta, como ningun cuadro en que hay agrupamientos colocados matemàticamente. Mire V. al otro frente; es tambien una batalla naval del mismo autor: fije V. su atencion en el colorido, en las figuras, y deje V. los cascos de los buques. Al lado de los progresos de la marina americana, esos barcos parecen verdaderos zapallos, interesantes solo porque nos dan la idea de los progresos que ha hecho el arte (93).

Arte ha de entenderse aquí en su acepción etimológica de *ars* —técnica— y no, según se desprende del contexto, en el sentido de *arte bella*. Es decir que no habla Eugenio de una historia del arte, sino del progreso tecnológico. No está de más, sin embargo, destacar que la revista de Cané al arte florentino no se hace desde la perspectiva de un historiador del arte, sino desde una óptica fruitiva personal, centrada en la relación obra-contemplador, que valoriza la función configuradora del receptor. Su visión es predominantemente sincrónica, como lo revela la comparación entre Miguel Ángel y Rubens, que no tiene en cuenta las diferencias del contexto estético y sociohistórico de ambos.

Quede claro, no obstante, que hay en Cané una apreciación notablemente ajustada de las características de cada uno de los artistas que admira, como lo muestra este párrafo a través de los símiles plásticos:

> Entonces empezò esa narracion fina y rápida como el granizo, incisiva, capaz de dar lecciones al cincel de Donatelo, colorida como los cuadros de Salvador Rosa, y concluyente como las pinceladas del Vinci (76).

Un fervor admirativo parecido al que manifiesta Eugenio ante el David se descubre sólo respecto de otra obra, el grupo escultórico de los Nióbidas, con especial referencia a una de las hijas de Níobe. Pero no se trata de la escultura en sí, que Esther califica de *divina*, sino del parecido entre la mujer y la estatua, que no se describe. La admiración de Cané queda implícita.

Es curioso advertir cómo Sarmiento, que recorre con cierta fatiga el inmenso catálogo obligatorio del arte exhibido en Italia, queda extasiado ante el mismo grupo. Su pluma se suelta en elogios, pero tampoco en su caso por motivos estrictamente plásticos: "Ah! qué sublime es la protesta de la madre castigada por valer mas que su tirano y despreciarlo!" (260-261).

La familia de Sconner

En el mismo tomo de la *Biblioteca Americana* que incluye *Esther* se publica *La familia de Sconner* (1858 a: 106-209). Está fechada en Buenos Aires, el 27 de agosto de 1858.

Cané no puede eludir la seducción del viaje a Italia hasta el punto de que en esta novela con una temática judicial —y en esto es pionera rioplatense[24]— bien precisa, focalizada en el despojo a dos huérfanos de la herencia de su padre, el autor imagina artista a uno de los hijos de Sconner, lo lleva a Pisa y a Florencia, lo hace opinar sobre los pintores y escultores italianos. Claro está que el lector también participa del viaje.

Una vez más Miguel Ángel concentra la admiración incondicional de Cané y una vez más es el David el objeto de su discurso:

---

[24] Myron Lichtblau destaca que en *La familia de Sconner* "for the first time in the Argentine novel the plot centers around the vital force of money in human affairs" (1959: 75).

> El sol iluminaba la frente del *David* de Miguel Angel, como la inteligencia divina habia iluminado el pensamiento de su autor.
> La estatua colosal despedia vida por todos sus poros, y parecia decirle á los pasantes, *'detenedme que vuelo'* (156).

Destaca Enrique, el joven protagonista, que nadie hasta entonces ha realizado en la piedra semejante expresión y anatomía y que la estatua concentra un "estudio inmenso de la belleza estética, *reflectiva*, como dicen los alemanes, que se siente en el alma y que escapa á los sentidos" (cf. Wellek *passim*). Y prosigue:

> ¿Cómo te parece que se incruste la vida en la piedra, sin que la mano obedezca a un pensamiento que domine y haga de las formas, lo que la mùsica hace de las notas, una lágrima, una sonrisa, un contento, ó una existencia verdadera? Miguel Angel esculpió la estatua de la noche, sin mas antorcha que su idea, en un hueco de las murallas de Florencia [...], sin luz, en las tinieblas (157-158).

Y refuerza sus opiniones sobre el arte trayendo a colación la conocida y muchas veces citada frase de Rafael referente "al tipo de sus vírgenes", incluida en una carta a Baltasar Castiglione: "Me sirvo de una idea que 'me viene à la mente'" (158)[25].

Según la novela de Cané, es el pensamiento el que genera la forma plástica en la pintura o la escultura, así como es el pensamiento el que da origen a la forma verbal en la obra literaria (141). Baste citar dos fragmentos de las *Rime* de Miguel Ángel —que Cané recitaba "creyendo ver sus mármoles a través de sus versos" (Cané [h.])— para

---

[25] Cf. *La peinture italienne: La Renaissance* 83.

advertir coincidencias con lo expuesto en *La familia de Sconner*:

> Dimmi, di grazia, Amor, se gli occhi mei
> veggono 'l ver della beltá, c'aspiro,
> o s'io l'ho dentro, allor che, dov'io miro,
> veggo scolpito il viso de costei (Buonarroti 9);

> Non ha l'ottimo artista alcun concetto
> c'un marmo solo in sé non circonscriva
> col suo soverchio; e solo a quello arriva
> la man che ubbidisce all'intelletto (Buonarroti 16).

Mucho de la estética neoplatónica que había prendido entre los primeros románticos alemanes se descubre tras las palabras de Cané o de sus personajes. Pero también hay que tener en cuenta las dimensiones neoplatónicas de la estética de Miguel Ángel —que tan agudamente ha detectado Erwin Panofsky— en su búsqueda de liberar de la materia, de lo superfluo, a la imagen, a la idea, para reducirla a su esencia (Argan)[26].

El "vuelo" de la piedra resulta de un esfuerzo agónico del artista para trascender los propios límites y los de la materia, esfuerzo siempre renovado hacia el ideal que, como corresponde, nunca se alcanza. Aquí reside el origen de la fascinación que ejercía sobre los románticos el *sublime* Miguel Ángel y Cané experimentó con hondura.

El joven artista de *La familia de Sconner* recuerda a su hermana que la "mediania es insoportable en todo, pero mas en el arte del pintor, porque la pintura es la verdad, y nada hay mas dificil de descubrir que la verdad cuando

---

[26] Ya advertía hacia 1871 Walter Pater que "la tradición platónica [...] moldeó el verso de Miguel Ángel." "Miguel Ángel -agrega- procede siempre de la belleza exterior [...] a la aprehensión de la belleza invisible, esa forma abstracta de la belleza sobre la que discurren los platónicos" (80).

se divierte en ocultarse" (143). Del mismo modo, la muchacha subraya que el arte es "la realizacion del talento" y el talento "el soplo de la divinidad" en la tierra (*ibid.*)[27].

La familia de Sconner vuelve a enfrentar al espectador con obras que ya habían aparecido en *Esther* —el *Rapto de las Sabinas* de Juan de Bolonia, el *Ayax* griego, el *Perseo* de Benvenuto Cellini, la *Judith* de Donatello— para descalificarlas en comparación con el *David*:

> ¿No me decias el otro dia mirando *las Párcas* de Miguel Angel en el Palacio Pitti, vamos, Enrique, porque me dà miedo que esa que tiene la tijera corte el hilo de mi vida? Estudia tus impresiones y comprenderás la belleza sublime de ese cuadro, como yo comprendo la de esta estàtua. *La una es obra de su paleta, y la otra de su cincel: dos instrumentos que se rompieron en sus manos* (158; subr. mío).

Entre otros artistas y obras, se hace referencia a Bartolini, con su estatua *La fe en Dios*, en el cementerio de Pisa, "que no se avergonzaria delante de la crítica del mismo Fidias" y a las pinturas del Giotto "sublime viejo que conserva su verde corona de laurel". En Florencia destaca tres obras arquitectónicas: el baptisterio, la torre de Giotto y la cúpula de Brunelleschi (155). Coincide su valoración con la expresada en el *Viaje por Italia*. En fin, para Enrique es su ídolo y su maestro:

---

[27] La inocultable importancia del Platonismo renacentista para la literatura posterior y para el Platonismo poético difuso que llega, para adquirir nuevas versiones, al Romanticismo es destacada por Adolfo Ruiz Díaz. Puede consultarse con provecho, acerca de la pervivencia de la tradición platónica en la crítica, la literatura y la teoría del conocimiento hasta el siglo XX, el libro de José Domínguez Caparrós, *passim*.

un hombre que pasó por loco, ò por furioso, una cabeza de fuego y una mano de angel: un *calavera* à la manera del Cellini, un caprichoso, un estravagante, [...] Salvator Rosa (144).

Posterior al conjunto de artistas mencionado por Cané[28] y de aquellos cuyas obras se examinan en la novela, el temperamental, aventurero y artísticamente multifacético Rosa (1615-1675) ejerció un influjo decisivo en la transformación de las artes plásticas que llevó al Romanticismo. No es extraño que el joven artista tenga como modelo a este innovador de vida novelesca, a cuya obra Miguel Cané incluye como término de comparación cuando se refiere a *La novia del hereje* de López: "¡Qué animacion de conjunto, qué colorido varonil á lo Salvador Rosa, en ese terrible y májico cuadro del terremoto [...]!" (Cané 1855; 1863: 628).

Numerosos detalles contribuyen a probar que Cané había recogido información sobre la vida de Florencia y sus artistas, y que no se limitaba a la observación de las piezas artísticas que pródigamente se ofrecían a sus ojos. Entre ellos, una versión de la famosa anécdota sobre Miguel Ángel, cuando Piero Soderini critica la nariz del David porque le parece demasiado grande y el artista simula modificarla, ante la complacencia de su crédulo interlocutor (1858 a: 157; Nardini 59). Referencias a la historia y a la política se prodigan en forma permanente.

Cabe destacar, por otra parte, que el autor aprehende visualmente volúmenes con preferencia a líneas, según lo demuestran las imágenes presentes en sus escritos, y que son muchas más las esculturas que las pinturas que

---

[28] Excepto el escultor Bartolini (1777-1850), cuya producción era reciente cuando Cané visitó Italia. *La fe en Dios*, mencionada por Cané, es su obra más famosa.

menciona, admira o describe en ellos. Tal vez resida en este rasgo personal una de las claves de sus preferencias por Miguel Ángel, inclusive como pintor, ya que su estilo pictórico revela al escultor (Valentini 187).

Laura

En el prólogo a la edición de *Esther* en su Biblioteca Americana Alejandro Magariños Cervantes dice: "Sabemos que [Miguel Cané] tiene en su cartera de borradores, la Laura [...]" (1858: 22-23).

Tras la muerte de Cané —1863—, se publica un fragmento de *Laura* en el *Correo del Domingo* con la aclaración:

> Este fragmento debe considerarse como el primer capítulo de una novela que el Dr. Cané habia pensado concluir y que algunos de sus amigos creian en efecto terminada; pero entre los papeles que hemos tenido á la vista solo hemos encontrado lo que publicamos aquí. A este capítulo siguen unos renglones de otro, tambien de letra del autor, que advierten que la escena tenia lugar en los primeros dias del mes de febrero de 1839. / *El Editor* (Cané 1864 b: 247).

Aquí y allá asoman en esta como en otras obras narrativas de Cané rasgos que también se advierten en *Esther*. En *Laura*, el narrador presenta a la protagonista dotada "de aquella belleza física que los pintores del Norte no tomarian por modelos, pero que el Vinci y Scheffer han tratado de fijar en sus fisonomías fantásticas" (247).

La técnica es la caracterización indirecta a través de una evocación plástica. No es extraño que aparezca, junto al tantas veces admirado Leonardo, junto al Renacimiento italiano caro al autor, Ary Scheffer, apasionado por Byron y Goethe, pintor de muy famosas obras motivadas por el *Fausto*. Sin embargo, contrariamente a lo que ocurre con Sarmiento en sus *Viajes*, sorprende por su infrecuencia en la obra de Cané la mención de un plástico contemporáneo.

El manuscrito de *Laura*, conservado en el AGN, incluye al dorso de la última página estas palabras que revelan una vez más el interés especialísimo de Cané por el arte renacentista:

> Laura era hija de un noble [...], y Antonio se jactaba de haber tenido entre sus ascendientes al [(?)][29] celebre pintor Andrea del Sarto—, y de sentir como él [...] la libertad y la verdad ("Una faccion").

Otros apuntes

También de manera póstuma se publican en el *Correo del Domingo* los *Apuntes de viaje* de Cané, el 28 de febrero, el 31 de julio y el 14 de agosto de 1864. El segundo de los textos allí publicados corresponde a su visita a Florencia en enero de 1850. El espíritu del viajero se conmueve no sólo ante el arte sino ante la naturaleza y la ciudad misma, que describe implícitamente a través del arte (1864 a: 489).

En estos apuntes asoma una vez más la admiración ferviente por Miguel Ángel:

> Enero 11.
> CAPILLA DE MEDICIS.- La vírjen inconclusa de ese coloso sin rival en la especie humana! El joven César Mantellini que me acompañaba, deploraba que el sublime Miguel Angel no hubiese concluido su obra, pero *a mí me*

---

[29] El signo '[(?)]' indica testado ininteligible.

> *hacia mas impresion esa obra en su estado de jeneracion que si estuviese acabada. La imajinacion campea mejor y el respeto por el jenio la rodea de prestijios á que tal vez se hubiese resistido el mármol* (*ibid.*, subr. mío).

Arnold Hauser encuentra en la obra de Miguel Ángel, a partir del *Juicio final*, "una protesta de violento éxito contra la forma hermosa, terminada y sin mácula, un manifiesto cuya falta de forma tiene en sí algo de agresivo y autodestructor". En la *Pietá* del Duomo de Florencia y especialmente en la *Rondanini* —puntualiza— se acentúan estos rasgos y "lo que al cabo surge está cerca de la nada; es informe, átono, inarticulado" (II, 32-34). Sin entrar a discutir la opinión de Hauser, es necesario reconocer que la materia en evidente tensión con la forma es capaz de excitar como pocas realidades la imaginación del romántico Cané, de sensibilidad artística poco frecuente y enamorado de la obra de Miguel Ángel.

La impresión que el arte florentino ejerce sobre Cané es tan intensa y excepcional que lo lleva a afirmar en sus *apuntes* que el Duomo "presenta sin duda una parte del cielo en la tierra" (1864 a: 489).

Cede en estas notas de viaje —no así en sus novelas, ni en la libreta analizada *supra*— a la tentación de hacer parcialmente el catálogo consabido de las obras que ve en su itinerario:

> Enero 12.
> Visité la galeria de *sotto gli ufizzi*, inmenso depósito de cuanto posee el arte de bello en la pintura. Miguel Anjel, Rafael, Dolci, Akermans, Poussin y todos los grandes maestros, son huéspedes fáciles de encontrar en ese inmenso salon (1864 a: *id.*).

Menciona también la Venus de los Médicis, tan valorada por los románticos —Byron incluido— y a Fidias.

El 14 de enero consigna sus impresiones en el palacio y la galería Pitti:

> Esta [la galería Pitti] es menos grande pero mas selecta que la de *Sotto gli ufizzi*. Allí estan las Parcas de Miguel Anjel y la Vénus de Canova. Yo no entiendo nada de este arte, pero me gusta mas que la de Phidias, porque me parece mas cerca de la naturaleza (*id.*).

Comparte aquí la opinión de otros románticos que valoraron al neoclásico Cánova, a quien —como Sarmiento (258-259)— acerca a Miguel Ángel[30].

Agrega que hay "para pasar un dia, una semana entera delante de cada uno de esos portentos del jenio. Con razon defiende el duque la posesion de su Florencia" (1864 a: *id*).

Cané, cuyo discurso es permanentemente crítico cuando se refiere a la política italiana —al despotismo, a la opresión, a los excesos del papado, a las luchas por la libertad— y se refiere con dureza a las características de los italianos de la época de sus viajes, expresa:

> Enero 27.
> A la noche recibí á mis amigos Barelai, antiguo médico del gran duque, al joven Legrande, ex-capitan de línea y á César Mantinelli, doctor en leyes y capitan de línea. Hablamos de viajes, de patria, de artes y cada dia me convenzo mas de que esta juventud italiana, tan criticada en el mundo, vale como la primera juventud de la primera nacion del mundo. Existe en el fondo del corazon de esta jeneracion desgraciada el sentimiento de la decadencia de la patria *y el deseo profundo de*

---

[30] Para Sarmiento, Miguel Ángel es "el mas grande de los artistas modernos, i el primer hombre de su época"; Canova, su "digno rival" (259).

> *elevarla á la altura que en la escala de la civilizacion le marcan los admirables monumentos que la adornan* (490, subr. mío).

Queda claro, a través de estos párrafos, el valor asignado al arte que Italia le brinda.

Novela y libro de viaje

Ya he destacado que *Esther* —como lo anticipa la denominación genérica añadida al título en *La Tribuna*— es, bajo el aspecto de una novela sentimental, un libro de viaje. Lo mismo ocurre con parte de *La familia de Sconner*.

El principio enunciado por el protagonista de *Esther*, "el viagero debe ver todo" (1858 a: 66), es aplicado con una extensión muy relativa, ya que muestra ante todo facetas del arte y, en escasa medida, hábitos de la alta sociedad que reside en Florencia. Nos encontramos ante un discurso sustancialmente distinto del de Sarmiento, cuyo viaje no es demasiado anterior al primero de Cané (1847- 1848 Sarmiento, ante el arte que se prodiga en Italia, se ve llevado a establecer comparaciones con América y se pregunta:

> ¿por qué estamos en América condenados a la privación absoluta del bello artístico, que en sus primeros ensayos muestra el límite que separa al salvaje del hombre civilizado, i en su apojeo es el complemento i la manifestación más elevada de la humana perfectibilidad? (217).

Su objetivo, señala Vanni Blengino, no es describir una tela o unas ruinas, sino "transmitir la emoción, la admiración y, porqué [*sic*] no, el malestar que el viajero latinoamericano experimenta frente al arte" (820). Como se puede comprobar a través del análisis de la obra de Cané, esta afirmación del crítico italiano es abarcadora en exceso. Aunque no establezca comparaciones en el plano de las artes plásticas, Cané manifiesta exaltado orgullo patriótico cuando su personaje habla de la literatura argentina y la equipara a la europea. Blengino subraya igualmente la superficialidad y las imprecisiones en que Sarmiento incurre cuando se refiere a obras de arte y destaca la condición de periférico con respecto al arte que tiene individualmente y como americano (819). Así —dice—, Sarmiento no duda en atribuir una columna de un templo a otro, o en "estropear el nombre de un artista célebre agregándole una 'r' o una 'i'". No ocurre lo mismo con las descripciones y datos de Cané, aunque en los nombres se deje llevar a menudo por el oído.

Puede observarse, por otra parte, el hartazgo que provoca en Sarmiento la contemplación de tantas obras de arte. Sería ímproba tarea "dar cuenta de las preciosidades del arte antiguo", las cuales —dice el viajero— "fatigan la paciencia del espectador poco artístico" (Sarmiento 260, 267). La actitud de Cané se opone diametralmente.

Los símiles plásticos

Una aprehensión plástica de la realidad se manifiesta en escritos de Cané de la más diversa naturaleza. Y si en *Esther* numerosas obras pictóricas y escultóricas sirven de término de comparación para la belleza de Esther, el ceño de Eugenio, el cautiverio de Italia o el paisaje de Florencia, en la crítica que Miguel Cané publica sobre *La novia del hereje* de López (1863), en la que también se refiere —de paso pero no de pasada— a la *Amalia* de Mármol, cada uno de los logros literarios de estos dos contemporáneos encuentra un cauce comparativo en las artes plásticas. Es tal la frecuencia y la regularidad del procedimiento que

no me parece excesivo ni antojadizo tipificarlo como *los símiles plásticos de Cané*, símiles que revelan:
- un pensamiento eminentemente visual;
- un conocimiento bastante pormenorizado —que avalan otros elementos de su discurso— del arte renacentista y una cierta frecuentación de la obra plástica de sus contemporáneos;
- un espíritu de síntesis marcado por la sustitución comparativa.

Recalco en este punto que no es la carencia de recursos la que moviliza al artista a valerse de la descripción indirecta, a través de la obra plástica, de personas, gestos, actitudes y realidades diversas. Bien lo demuestran sus eficaces, precisas y hasta prolijas descripciones de esculturas —raramente de pinturas—, que constituyen verdaderas trasposiciones de arte. Creo que Cané confiaba más en el efecto global sobre el espectador de la imagen plástica traspuesta que en el de la palabra desnudamente conceptual.

Desde un enfoque complementario, lo expuesto muestra que el autor confiaba en que su discurso literario-plástico respondería con cierta precisión al horizonte de expectativas de su público. Resulta claro que no sucede aquí lo que señala Vanni Blengino con referencia a Sarmiento y sus contemporáneos: Cané conoce el arte que cita y supone compartido su conocimiento —su enciclopedia, como suele decirse hoy— por los lectores. Le importa verdaderamente expresar con exactitud los datos que conoce y, si confunde algunas consonantes o vocales, el hecho no parece ser consecuencia de la desidia, sino del origen auditivo de su información acerca de nombres de personajes y lugares. Un caso más que evidente es el paseo de las "Calscinas", como lo denomina reiteradamente en *Esther*, o "*delle Calcine*", según lo designa en sus apuntes de viaje por Italia publicados en el *Correo del Domingo*. Se trata del prado *delle Cascine*, a orillas del Arno, que el viajero no puede menos que haber conocido muy bien en su demorada etapa florentina.

Romanticismo y tradición

Gilbert Highet sostiene en un libro admirable (II, 104) que durante *la era romántica* no hubo una quiebra de continuidad con la tradición clásica ni con el Renacimiento y que la ruptura de esta era revolucionaria se produjo contra las convenciones, los prejuicios, el abuso del poder, las limitaciones de la esfera de la actividad humana. Por eso los románticos fueron, en su mayor parte, rebeldes políticos.

La tesis de Highet queda corroborada ampliamente en la obra del revolucionario Cané, ocupado con pasión en la defensa de la libertad y la dignidad humanas, pero devoto a la par del legado de la tradición.

IV
ESCENAS COSTUMBRISTAS

Cora

Ya desde sus primeros pasos en la prensa periódica la novela argentina ha sido un terreno particularmente fértil para que el costumbrismo aflorara con potente vigor.

Los habitantes de lo que sería la República Argentina tuvieron conciencia de las características de su cultura: de su modo de vida, su modo de hablar, sus costumbres, las ideas imperantes, y, lo que es más notable, las diferencias que los recortaban como *otros*. Se inspiraron en temas locales y reflexionaron "sobre puntos fundamentales para el advenimiento de una sociedad moderna" (Verdevoye 1994: 457).

El Iniciador, periódico que, en Montevideo, sucede a *La Moda*, no evade las generales de la ley. Sin embargo, dos miembros conspicuos de la generación del 37 publican allí algunos escritos satírico costumbristas que merecen ser destacados. Además de Alberdi —"Figarillo"—, autor de textos chispeantes, ya recogidos en volumen durante el pasado siglo, Miguel Cané, que firma con alfónimos diversos, ofrece escritos costumbristas de mérito, nunca reeditados, cuyos perfiles humorísticos no alcanzan a ocultar el *castigat ridendo* que en ellos domina. Esos escritos —entre ellos "¡Pero!!!....", "Mis visitas (Artículo primero)", "Mis visitas (Artículo segundo)", "Mis visitas (Artículo tercero)"—, se insertan en la tradición humorística de la literatura argentina.

Cora ha permanecido oculta en los archivos durante un ya largo siglo y medio. Rescatada ahora del olvido, es posible advertir en la novela de Cané —muy breve, lindante con el artículo de costumbres— una serie de datos que responden a la cultura en ambas orillas del Plata hacia 1857, fecha en que la epidemia de fiebre amarilla azotaba

Montevideo y muchos de sus habitantes se habían instalado en las afueras de la ciudad. A pintorescos cuadros agrestes, se agregan pinceladas europeas, particularmente francesas, que Cané ha hecho suyas durante sus viajes al viejo continente. El centro de esta convergencia es la mesa, en la cual alternan manjares criollos y gauchos, como el asado, con los más refinados platos y vinos europeos. El pretexto: una partida de caza y el agasajo por parte de un anfitrión francés. Se agrega el episodio sentimental —amor entre la joven Cora y el romántico, desencantado, maduro Conrado—, que sólo es un apoyo para la descripción y exhibición de costumbres.

Resulta fácil advertir a lo largo de la obra: a) una unidad entre las dos culturas rioplatenses y b) una clara intención por parte del autor de europeizar las costumbres locales, proceso que, por lo demás, iba dándose poco a poco a lo largo del siglo XIX, particularmente en la época abordada por el texto. Un ahondamiento del tema permite advertir otros matices, especialmente en el orden simbólico.

Como se verá en el capítulo dedicado a *El Traviato*, París constituía el sello de civilización y modernidad para los americanos. Ya en el comienzo de *Cora* se advierte la dualidad rioplatense-europea y se destaca el cambio producido en las costumbres tradicionales americanas por influjo europeo, particularmente en la educación de la mujer:

> —Quieta, Chola, que me harás voltear del caballo, decia una *ecuyere*, como se dice en Franconi á una preciosa perra perdiguera que brincaba por acariciar el pié de la amazona. Juicio, te digo, por que hoy no es broma: seis leguas á galope, y un dia entero de caza. Ea, atrás y tranquila.
> Cora monta á caballo como la Paulina del Hipódromo de Paris, nada como un pescado, y es una de las mas

hábiles tiradoras de escopeta de la numerosa sociedad que la acompaña en sus gustos algo varoniles (1859: 2).

Éstos son los párrafos iniciales de la novela. Subraya Cané, en voz del narrador, la singular educación de Cora, sus libertades y costumbres, por entonces nada habituales entre las señoritas uruguayas y argentinas. Frédéric Rouvillois, en su ilustrativa obra *Historia de la cortesía*, señala que por ese entonces tampoco eran usuales en Europa: "[E]n esa época la caza continúa siendo una actividad casi exclusivamente masculina" y cualquier transgresión "choca fuertemente con los principios del buen tono". La caza es vista como "actividad sanguinaria por excelencia" y no parece compatible "con la idea que se hacía entonces de la mujer, ser sublime pero frágil" (160).

Agrega el narrador de *Cora* de inmediato:

> Antes de la revolucion de Mayo, la linda y graciosa criatura que hablaba asi á su perra, habria ido tal vez á pagar sus delitos de libertinage á un hospital de locos; hoy es sin embargo el encanto de sus muchos amigos, modelo de educacion civilizada, conocedora de sus deberes, firme en sus creencias y perfectamente amable con los que merecen su aprecio (Cané 1859: 2).

No son exageradas, aunque lo parezcan, las afirmaciones de Cané sobre la punición merecida por el quebrantamiento de las costumbres. En momentos de la historia aún más recientes han ocurrido hechos semejantes (Perrot).

La Revolución de Mayo aparece como gozne entre las costumbres del Antiguo Régimen y los nuevos hábitos personales y sociales que permite la vida democrática. Los derechos y deberes del individuo se perfilan en un permanente vaivén de libertad y obligación. Cané había publicado antes en *El Iniciador* un artículo sobre la educación (Curia

2000), en el cual expone claramente sus ideas progresistas acerca de la educación de la mujer.

Cora, como otras señoritas montevideanas, ha huido de la peste con su padre y se ha refugiado en el campo:

> Seria curioso narrar en un solo episodio todas las peripecias de esa campaña forzada de la mayor parte de la poblacion como hacia Goya en un solo pegote de pintura para formar una alegoria fantástica ó histórica; pero la pluma no es el pincel, ni el que esto escribe tiene lo que al pintor español le sobraba (Cané 1859: 2).

Prefiere Cané otros métodos para pintar la realidad uruguaya de entonces. La novelita se detiene en los hábitos venatorios de Cora, Conrado, el Sr. Plick[31], el doctor Teófilo, las habilidades de cada uno para dar en el blanco y las especies que se cazan

Mr. Plick es el padre de Cora, antiguo negociante norteamericano, establecido en Montevideo desde su infancia. El Dr. D. Teófilo K. es un abogado "enemigo encarnizado de las perdices grandes y chicas, de los patos, de las becacinas y todas esas pobres inocentes criaturas de dios" (3).

Participan del paseo, además del "gallardo" Enrique, otra muchacha llamada Eugenia y personas diversas que no se mencionan. Se agrega más tarde Conrado, porteño, periodista y enamorado de Cora.

Según se estructuraban las partidas de caza por entonces en Europa, después de la comida informal para reponer fuerzas en el escenario de la caza, había una segunda

---

[31] Nombre que posiblemente tome prestado de *Plick y Plock* de Eugenio Sue (1831).

comida importante, a la que estaban invitadas también las señoras, que a lo sumo participaban de la preparación de los manjares, pero no de las actividades cinegéticas (Rouvillois 159-161). En esta comida se guardaban todas las formas de educación y cortesía vigentes en el protocolo social. Así ocurre con la partida de caza montevideana, excepto que Cora se dedica con fervor a las actividades no acostumbradas por las damas europeas.

La segunda comida reúne todas las delicias de la mesa europea. Interesa destacar que la comida es, como afirman Cussler y De Give, capaz de establecer una relación de familiaridad entre los participantes que los predispone para interrelaciones positivas. Evoca un aura de parentesco, de cordialidad general (78). Aparecen así las características del cordial trato entre los señores y sus servidores de diverso origen: el señor Plick con el criollo Juan, la presumiblemente italiana Ghitta (apelativo que deriva del italiano 'Margheritta'), el anfitrión Don J. L., "cabeza que vuela y corazon que siente: un frances del ejército de la Loire; un caballero de otras edades y de otro mundo, un perfecto amigo y un perfecto enemigo" (Cané 1859: 16), con la negrita Celestina.Y, fundamentalmente, como es lógico, entre los comensales allí reunidos:

> El señor es hijo de Buenos aires, dijo Cora, algo sonrojada indicando á Conrado.
> —Entonces á mi me toca servirlo.... y rompiendo una de las finas costillas del cordero que esta en la mesa, dorado como una naranja en la rama del árbol, se la ofreció á Conrado diciéndole.... yo he militado mucho tiempo con paisanos de Vd. y sé que prefieren esta carne á la de vaca.

—Como los parisienses Sr. L.... es verdad que el carnero de Paris, es el primer carnero del mundo[32].
—Y *el gusto parisiense es un justificativo brillante del gusto porteño*, dijo el Sr. L... (54; subr. mío).

Esta última frase tiende a establecer un paralelismo entre el gusto porteño y el parisiense y destacar una diferencia con el uruguayo.

Tampoco queda sin especificar la diferencia entre la tradición francesa y la española con respecto a los alimentos: "Devorada la perdiz, vinieron las cremas, los dulces secos, las frutas y toda esa segunda mesa azucarada que los españoles aman ó conocen poco y que es para los franceses una segunda comida" (65).

El primer festín interesa mucho para conocer hábitos comunes entre argentinos y uruguayos en un sincretismo singular. Junto al asado criollo, hay un pastel de liebre, pavo, pichón, pato y carnero frío. Para beber, burdeos, jerez, marsala, agua, coñac, marrasquino y vino del Rin. Se añaden dulces y budines.

Apenas se indaga en la historia cultural del Uruguay, se comprueba que los alimentos exóticos de ultramar que enumera Cané, incluidos los vinos franceses, no eran desconocidos por los montevideanos, que podían importarlos sin dificultad y de hecho lo hacían.

Los cultos contertulios comparten además gustos literarios y afloran recuerdos de Dante, Byron, Goethe, Pellico, y de Cervantes a través de las bodas de Camacho.

---

[32] Se trata, según se especifica, del carnero del *Prat Salé*, producto exclusivo de una zona al noroeste de Francia, próxima al mar, motivo por el cual la carne adquiere un sabor particular.

Aquí y allá asoman pintorescas y breves descripciones: "Lo hizo como lo dijo; media hora de galope continuo la llevó al precioso paso del arroyo de las Piedras, ese impúdico hilo de agua que muestra todos los secretos de su seno" (3).

—Aqui, sobre este verde, decia el viejo anfitrion, al reparo de estas piedras, donde el asado podrá hacerse á fuego lento y conservar todo su jugo.... Vamos, Juan, prepara todos tus útiles, y aguza todo tu talento. Luego colocó los fiambres, llevó el vino al agua del arroyo y se sentó tranquilamente á favor del viento para evitar el humo que se desprendía como de la chimenea de un vapor, denso y abundante (14).

Los invitados se dispersan por los alrededores, al lado de los coches, y cerca del fogón:

La dulce libertad reinaba en todas partes, y cada uno se divertía á su gusto. Los viciosos de mate, esta bebida que los extranjeros desprecian por que no la conocen bien, permanecian clavados al lado del fuego y los buenos decidores hacian gala de la lijereza y de la facilidad del espíritu, para entretener á la concurrencia; mientras que los poltrones saboreaban, tirados sobre la yerba, la dulzura del aire, la vista graciosa é inocente de los campos y la sabrosa embriaguez de la pereza (15).

Se describe cómo Juan prepara el asado:

Vamos, Juan, prepara todos tus útiles, y aguza todo tu talento. [...]
Juan sacó tranquilamente el asador, un largo pedazo de carne de vaca dorado por la grasa, limpio y apetitoso á la vista: golpeó un eslabon, hizo una hoguera de cardos secos y encendiendo una pajuela de azufre, la acercó á los capullos de los cardos que convirtieron en llama casi simultaneamente toda aquella montaña de combustibles. Luego colocó los fiambres, llevó el vino al agua del arroyo y se sentó tranquilamente á favor del viento para

evitar el humo que se desprendia como de la chimenea de un vapor, denso y abundante (14).

Más tarde, el narrador lleva la atención del lector sobre el proceso de cocción:

> Entre tanto el asado á lo GAUCHO empezaba á dorarse y á destilar ciertas gotas, que los heroes de Homero habrian recojido en copas de oro: y que nosotros pródigos indijentes, abandonamos á la llama que avarienta las devora presurosa (15).

Las citas anteriores han sido algo extensas, pero imprescindibles para ofrecer una imagen sostenible de esta obra no estudiada y no conocida.

Señala con acierto Carolyn Korsmeyer que los "alimentos pueden ser calificados como simbólicos y portadores de significado de varias maneras, ya que tienen un valor representativo y expresivo" (18). El valor de esta comida campestre y de la posterior en la casa de campo del señor L... va más allá de una exhibición de los conocimientos del autor acerca de las costumbres locales y extranjeras y su conjunción en una síntesis valorizadora de lo identitario.

Ocurre que en abril de 1857 la epidemia de fiebre amarilla en Montevideo llegaba a su ápice (Barrán 204-205). Fallecían unos 20 habitantes por día y el 7 la cifra aumentó a 37. Las familias pudientes se alejaban de la ciudad en busca de salvación, señala el *Comercio del Plata* del 15 de abril (3). Al día siguiente, el mismo diario (3) publica un artículo acerca de las actividades de quienes habían huido: "Bailes y tertulias, sin hablar de la plaza de toros y sus emociones", y mesas servidas con comidas francesas por las familias lugareñas a sus huéspedes montevideanos, alegraban a los "inmigrantes" que olvidaban así, se decía, el terror. "Sólo faltaba, y tal vez lo hubo, un Boccaccio uruguayo" (Barrán 205)[33].

Ahora sabemos que, en efecto, lo hubo y que fue precisamente Miguel Cané con su *Cora*.

Korsmeyer destaca reiteradamente en su libro cómo el *memento mori* está presente cuando se come y en relación con las comidas, como ocurre con las naturalezas muertas en las que aparece una calavera y en otros ejemplos que proporciona: "Cuestiones difíciles como la muerte, siempre presente en las composiciones de caza, están implícitas en la naturaleza muerta" (241). Esto sucede porque la comida "es una actividad que destruye sus objetos y requiere de una incesante búsqueda de más comida" (253), y "nadie escapa a la participación en el ciclo de la vida y la muerte que entraña la comida" (262).

En el caso de *Episodio de la peste*, el *memento mori* está latente en la pulsión de vida que atraviesa este relato de costumbres, particularmente en la naturaleza, en el disfrute de los perros, en el alegre entusiasmo de los cazadores, en las escenas de la mesa y en los planes para el futuro de los enamorados, a quienes se muestra al final, ya casados y lejos de la peste, en el Teatro Colón de Buenos Aires, acompañados por el señor Plick:

> Algunas semanas despues se descubrian en un balcon del Teatro de Colon de Buenos Aires, en una representacion del Trovador, por la Lorini, la Casaloni, Tamberlik y Cima, tres personas de tipos notablemente diferentes.

---

[33] Existe un documento sobre la fiebre amarilla escrito por Andrés Lamas, en el AGN, sala VII, Col. Andrés Lamas, Leg. 69.

> Un anciano de una cabeza nevada, ojos negros y cútis color de rosa; una jóven de cabellos dorados, ojos azules rasgados como los de las gazelas, nariz aguileña como la de la Cleopatra del Guido Rennie[34] y un hombre de cuarenta años mas ó menos, cuya fisonomia delataba á gritos la raza actual de la América del Sud.
> Eran Cora, el Sr. Plik y Conrado, que se habían refujiado en la hospitalaria y espléndida Buenos Aires, huyendo de los peligros de la epidemia que enlutecen á la noble Montevideo (67).

Creo descubrir, tras las figuras de Cora y el señor Plick, a la primera esposa y gran amor de Cané, Lucianita Himonet, muerta en plena juventud, a pocos años de su boda, y a su padre, el señor Himonet, comerciante francés que residía en Montevideo. En los apuntes autobiográficos de Cané conservados en el AGN[35], el autor de *Cora* confirma rotundamente su amor por Luciana: "Este juguete de un espíritu afectado profundamente nació con la pasión más vehemente que sentí en la vida. Yo tenía 25 años...". En Conrado se descubre al propio Cané.

Diversos textos de nuestro siglo XIX apuntan a la libertad de costumbres de las norteamericanas solteras. Además del conocimiento de la sociedad de los Estados Unidos a través de viajes propios, los autores de esos textos están familiarizados con las ideas que expone Tocqueville en *La democracia en América*:

---

[34] Se refiere a *El suicidio de Cleopatra*, de Guido Reni (1575 - 1642), pintor muy admirado por Cané.
[35] Cf. AGN, Sala VII, Miguel Cané, Legajo 8. N.° 2209. Escrito autobiográfico manuscrito que abarca desde la página 8 hasta la 32. También Mujica Lainez. Cap. 7.°, "Lucianita Himonet" (56-66; también 85-87).

Los americanos, que han conservado en la sociedad la inferioridad de la mujer, no han escatimado esfuerzo para elevarla al nivel del hombre en el mundo intelectual y moral, y en esto me parece que han comprendido admirablemente la verdadera noción del progreso democrático (182).

Parece probable que, por este motivo, Cané haya transformado a su suegro francés en un norteamericano.

La peste resulta conjurada por el exceso y la diversión, pero también por el amor romántico, proyectado hacia el porvenir, que une al hombre desengañado, que ha padecido la desgracia, que ha experimentado los placeres y sinsabores de una vida disipada, con la límpida Cora.

En síntesis, hay en *Cora* pintura de la realidad, lugares y costumbres, conciencia de una identidad rioplatense —con diferencias entre Montevideo y Buenos Aires— y percepción de los rasgos distintivos de la cultura europea y de la americana. A la vez, se esbozan los influjos de Europa en la vida cotidiana del Río de la Plata.

En el tren y *Escenas de familia*

En dos breves escritos aparecidos en *La Tribuna* de Buenos Aires durante una de las epidemias de fiebre amarilla que azotaron Buenos Aires (1858), Cané configura, con diversidad de matices y tono, vívidos cuadros de la peste.

En el tren pinta con tono ligero y despreocupado el temor de los porteños por la epidemia de fiebre amarilla de 1858 (una de las varias que azotaron la ciudad). Con un miedo que muy sutilmente se sugiere exacerbado, los habitantes parecen magnificar los hechos y huyen de la ciudad hacia Flores, San Isidro y otras poblaciones aledañas. La escena transcurre en un vagón del ferrocarril del Oeste, donde dialogan una viuda, su linda hija y un joven que sucumbe a los encantos de la muchacha y les ofrece alojamiento (Cané 1858 f).

El otro episodio —*Escenas de familia; Una de mil*[36]—, también concebido como escena costumbrista con un germen narrativo desdibujado, presenta a una familia aterrada por la fiebre amarilla. Deseosos de huir, madre, hijos y criados luchan contra la férrea voluntad del padre, quien niega importancia a la epidemia. Al final, el terror se torna convincente y el deseo de la mayor parte de la familia se cumple. Lo más destacable es el trazo grueso y caricaturesco que utiliza Cané para lograr un cuadro satírico (1858 g).

En ambos casos se trata, en rigor, de escenas costumbristas. Pero interesa traerlas a colación porque, junto con *Cora* y *El Traviato*, estas dos piezas menores completan los escritos de Cané sobre la fiebre amarilla en las márgenes del Plata.

---

[36] Detectado por Nuria Gómez Belart en sus rastreos sobre el tema.

V
LA NOVELA MODERNA

Eugenio Segry o El Traviato

Eugenio Segry o El Traviato se publicó en Buenos Aires como folletín de *La Tribuna*, entre el 15 y el 18 de abril de 1858, y nunca fue reeditada[37].

Eugenio Segry —el lector habrá ya reconocido el nombre del protagonista de Esther—, "el traviato", hijo de un habanero millonario, llega a París el 25 de febrero de 1848 con el propósito de completar sus estudios de medicina. Se encuentra con una "rubia hija del Norte", "Clementina S. de H.", que siente inocultable atracción por el americano y lo invita a tomar el té por intermedio de su marido. El enamoramiento se produce, los viajeros visitan Versalles en una cita que estructuralmente recuerda la visita al Palacio Pitti de *Esther*, y finalmente Juan H. —el marido alcohólico— muere, sin que Clementina y Eugenio —que, dicho sea de paso, aparece demasiado entretenido con las *lorettes* de París para que su pasión por Clementina resulte convincente al lector— emprendan una vida en común.

La novela está datada en Montevideo, en junio de 1857, unos cuantos meses antes de su publicación. Las fechas proporcionan la certeza de que hasta entonces el protagonista de *Esther* seguía llamándose *Tomás Gallardo*, como en el manuscrito fragmentario y en *La Brisa*. Manuel Mujica Láinez conjetura que fue rebautizado en 1858 para evitar que el nombre *Tomás Gallardo*, de acento más criollo, pudiera dar lugar a confusiones con Manuel Bonifacio Gallardo, socio y amigo de Cané (121).

Sin embargo, resulta muy extraño que el autor haya adoptado idéntico nombre y apellido para los protagonistas de dos novelas publicadas en un lapso que apenas supera

---

[37] He preparado una edición crítica de la novela, todavía no publicada.

medio año. Sobre todo si se tiene en cuenta que a Cané no le faltaban ni imaginación ni cultura como para inventar o descubrir más de un nombre y apellido adecuados a sus personajes. En este sentido más que formular aseveraciones taxativas puede intentarse el esbozo de algunas conjeturas. El nombre *Eugenio* cuenta con las preferencias de Cané para sus personajes, sean protagonistas o no de sus narraciones.

Se llama Eugenio el pobre amigo aquejado de "la fiebre del *pero*" que aparece en *El Iniciador* (2.1 may.1838: 34-36) y también Eugenio el protagonista de una narración anónima, publicada en *El Nacional* de Montevideo en 1835 con el título *La italiana,* que con toda evidencia ofrece rasgos presentes en *El Traviato*, aunque no pueda atribuirse a Cané (núms. 36, 37 y 38, del 15, 16 y 18 de mayo respectivamente).

Así como Eugenio es etimológicamente *el bien nacido*, en el apellido Segry se puede rastrear más de una vertiente etimológica significativa capaz de justificar su invención. La etimología más completa y precisa de un vocablo homófono a *Segry* —si se admite que la fisonomía a primera vista francesa del apellido podría llevar a considerarlo agudo— la brinda el diccionario de Monlau (1031):

> SEGRÍ. Del turco *saghry*, la grupa del caballo, y de ahí piel granosa que se obtiene trabajando el cuero de la grupa de varios cuadrúpedos, y que llama *chagrin* el francés, *zigrino* el italiano, *shagreen* el inglés, etc. Posteriormente los mismos nombres se han aplicado a una tela de seda también granosa, que es el valor que *segrí* tiene en castellano.

Más allá de las relaciones que se puedan establecer con la balzaciana piel de zapa —en *La peau de chagrin*, aparecida en 1831, el gran novelista francés juega con la doble acepción de *chagrin*, que designa tanto la piel a que alude

Monlau como pena, aflicción, disgusto, tristeza—, a través de las cuales el vocablo *Segry* connotaría los sentimientos desdichados que caracterizan a los protagonistas de ambas novelas de Cané, es factible tomar como base la raíz etimológica turca de *segrí*. Esto permite vincular el apellido de Eugenio Segry con su origen americano y "salvaje" —como el protagonista de *Esther* gusta subrayar— y con su afición y hábito de montar a caballo, casi una segunda naturaleza entre los argentinos por ese entonces.

Si se considera la acepción traslaticia que el término ha ido adquiriendo con el tiempo, Eugenio puede haber tomado la apariencia mórbida, lujosa y mundana de la seda, pero su fondo es rústico e indomable como la grupa de su caballo, de ese caballo que es señor en la pampa y compañero de sus andanzas europeas. Montado a caballo Cané conoció a Luciana, y montado a caballo Eugenio salva a Esther y a su hijo. El otro Eugenio, el "traviato", proclama la cercanía del americano con la naturaleza y lo primitivo.

El proyecto modernizador en el Río de la Plata

La ideología de las Luces define claramente el proyecto modernizador de intelectuales argentinos del siglo XIX —v. gr. Sarmiento, Echeverría— para quienes la urbanización basada en la instrucción es la llave que abrirá las puertas del progreso (Cândido, Campra, Olzack y colab.). El proceso de modernización en el Río de la Plata no es otra cosa que la adopción de los parámetros culturales europeos. Dos rasgos definen culturalmente la sociedad decimonónica europea: la universalización del estilo de vida burgués —con el predominio económico, político y cultural de los estratos medios de la sociedad— y la transformación de las relaciones humanas que genera la vida en las grandes ciudades. Paralelamente, surge en la gran literatura el "repudio del *ethos* burgués" (Merquior 337). No ocurre lo mismo en la América Latina del siglo XIX, donde "la literatura *crítica* está [...] comprometida sobre todo con el ideal de modernización (es decir, de aburguesamiento e industrialización) de la sociedad, mientras en Europa lo es principalmente, con la crítica de las *consecuencias* de dicha modernización" (*ibid.*).

Por esos tiempos los europeos no se dedicaban a construir rascacielos, las ciudades más populosas no llegaban al millón de habitantes y los románticos "las comparaban frecuentemente con grandes desiertos humanos" (Schenk 50). La hoy cosmopolita y superpoblada Buenos Aires apenas tenía, hacia 1850, 92.000 habitantes (Hardoy y Gutman 117).

Aunque vivimos en este mundo globalizado de comienzos del siglo XXI, no es difícil comprender el carácter modélico que asumía la cultura europea para los países americanos. Europa, sinónimo de civilización, era meta de las peregrinaciones de argentinos y otros latinoamericanos ávidos de conocer las novedades que conducirían a su tierra por la senda del progreso.

Que París constituía el sello de civilización y modernidad para los americanos[38] queda atestiguado en *El Traviato* desde el comienzo de la novela por la información del narrador acerca de que Eugenio Segry —el protagonista— "fué á Paris [desde La Habana] por contentar el amor propio de su padre" (Cané 1858 b: 21 mar.). En cuanto al propio Segry, proclama que

---

[38] "El frances de hoi es el guerrero mas audaz, el poeta mas ardiente, el sabio mas profundo, el elegante mas frívolo, el ciudadano mas celoso, el jóven mas dado a los placeres, el artista mas delicado, i el hombre mas blando en su trato con los otros. *Sus ideas i sus modas, sus hombres i sus novelas, son hoi el modelo i la pauta de todas las otras naciones*" (Sarmiento 123. El subr. es mío).

> [...] no habria hecho el sacrificio de cuatro años de estudios, si nó se me hubiese ofrecido este viaje à Paris por recompensa......
> —De modo que vd. amaba mucho la Francia desde el fondo de la América?....
> [—]La Francia ha hecho la conquista del mundo, por su idioma, y los Franceses saben hacer conocer y amar á su pais, sobre todo á Paris, como lo sabian hacer los Atenienses en el tiempo de Alcibiades, y de sus varones ilustres [...] (24 mar.).

Se advierte un doble discurso en la novela de Cané. Por una parte, transmite un genuino deslumbramiento, casi provinciano, ante los lujos y novedades de la capital de Francia. Por otro, los paradigmas de la moral burguesa, los programas regeneradores de la sociedad americana y la poética novelística dominante entre los hombres de la generación del 37 refrenan el entusiasmo y originan reflexiones moralizantes.

Contrapunto de culturas

Tanto en *El Traviato* como en *Esther* el protagonista se enamora de una mujer casada. Cabe recordar en este sentido la sugerencia de Vicente Fidel López acerca de que *Esther* ganaría mucho si la protagonista fuese soltera, porque la novela muestra carcomida la institución del matrimonio (López 1858).También que, ante este consejo, Cané reivindica para su narración el carácter de testimonio de "un episodio histórico rigorosamente verídico de la vida del hombre que figura en ella", porque la biografía es parte de la historia (Cané 1858 a: 271-273). López, basándose en Villemain, para quien la novela es *la historia privada de la sociedad*, había sostenido en el *Curso de bellas letras* que la novela idealiza la vida privada o doméstica (López

1845: 295-297; Villemain II, 374; Molina 2008; Molina 2011: 213-218).

Resulta llamativo que esos amores, escandalosos para la Argentina de su tiempo, tengan un escenario europeo y no los países del Plata. Cuando la acción de *El Traviato* se traslada a Montevideo, al final, el apasionado romance es ya pretérito:

> [...] [Clementina] ya no es una pasion, es un recuerdo, y ciertos recuerdos se aman como los dias de la infancia, como las impresiones que no se borran.
> Yo amé á Clementina con sinceridad, apesar dela oposicion de un mundo que escluia la verdad de los afectos, y por eso la recuerdo aun hoy con entusiasmo [...] (1858 b: 12-13 abr.).

En ambas novelas se compara la sociedad americana con la europea:

> [...] ustedes criaturas modificadas por una sociedad puramente de formas, no saben como ama el toro en las praderas salvages, el tigre en los bosques solitarios, el tiburon en medio de los mares; condenadas por la necesidad de un lujo mortífero han puesto en los bienes de fortuna la medida del afecto, y si alguna vez les habla al corazon, es un capricho de juventud, les dicen sus padres, y la máscara vuelve de nuevo à cubrirles el rostro. Por eso es que estas sociedades que tienen por base la mentira y el egoismo no llegaràn nunca a la realizacion de una sola idea general en beneficio de la felicidad comun; recorra V. la Europa toda entera, y nómbreme el pueblo feliz.... (Cané 1858 a: 47).

La sociedad burguesa, cuyo dominio se ha afirmado en Francia desde 1830, se mueve a impulsos del dinero, se esfuerza por confundirse con la nobleza y llegar al mismísimo Faubourg Saint-Germain.

En cuanto al mundo de las prostitutas o *lorettes*, el conde de S... presenta invariablemente a Segry con la siguiente fórmula, *sésamo ábrete* revelador de la escala de valores que lo rige:

> [...] "presento à vdes. al Sr. Segry que no dudo agradará á vdes. Desde luego porque es jóven y bonito y en seguida porque viene de su pais donde las caballerizas se empedran con las minas de oro, y con pedazos de esmeralda (8 abr.).

Debe tenerse en cuenta que la prostitución en Buenos Aires existió desde el momento mismo de su primera fundación (Carretero 9), pero no tuvo las mismas características que en el París descubierto por el aparentemente cubano Eugenio. Durante la época de Rosas se hizo una "limpieza" de mujeres públicas y se las despachó a centros de pobación fundados en el interior de la provincia (*ibid*.14-15). Sin embargo, la prostitución sigue existiendo de modo encubierto. Basta recordar en este sentido a doña Marcelina, el personaje de *Amalia*, en su juventud deportada al arroyo Azul, que tiene como profesión *cuidar* de algunas *sobrinas* a las que señores como el padre Gaete visitan y hacen *regalos*. La clase de *señoritas* que deslumbran a Segry y cuya sociedad desea frecuentar no existirá en Buenos Aires hasta las últimas décadas del siglo XIX[39].

El contrapunto entre las costumbres europeas (particularmente las parisinas) y las americanas es permanente:

---

[39] Cf. la clasificación de las prostitutas que efectúa Carretero (88). Interesa el punto 1): *Cocottes*.

[...] yo creia que en Europa, los casamientos no se hacian tan temprano como en mi pais [...].

Los americanos son pampas en sus hábitos, aun en medio de los tumultuosos placeres de Paris; la música el baile, las loretas, los boulevarts, los monumentos, todo calla ante un recuerdo de la patria. Eujenio saltó sobre sus pies al oir nombrar la América (21 mar.)[40]

Las referencias a América, aunque ancladas nominalmente en La Habana, recalan en la Argentina, como se puede advertir en estos ejemplos:

[...] entre la naturaleza tropical de la Habana, los hielos de los andes, y los horizontes de la pampa [...] (21 mar.);

[...] no estrañaria que uno de estos dias mi bonita Clarissa, prefiriese para amante á un pampa de los desiertos Argentinos, á el mas empinado conde ruso.... *Vds.* hacen furor en Paris.... con razon ó sin ella, poco importa.... el hecho es que todas las banderas caen rendidas ante el estandarte de los nietos de Colon (8 abr. El subr. es mío).

---

[40] [El habanero] se dijo alegre y gozoso á si mismo "este es mi mundo, aqui està mi teatro" (23 mar.); [...] el Paris elegante, alegre, lujoso, aquel que vive con la sonrisa en el rostro, como el tísico sin acordarse de la sentencia de muerte que lleva en el pecho, se encuentra derramado todo entero en los Campos Eliseos y en el Bosque de Bolonia. [...]
Pobre loco que se creia mas fuerte que ese poder eterno del tiempo, del lujo, de la prostitucion y de lo falso (23 mar.);
[...] tranquilas sociedades Americanas, privadas aun de las invenciones del lujo, del fastidio, y de la prostitucion (24 mar.);
No sé si hubo algo de estraordinario, pero para mi, pobre niño habituado al pudor colonial, y al respeto por las damas, sea cual fuere su condicion, fué muy particular la familiaridad de estas Sras. en un café, con dos jóvenes que alli se encontraban (25 mar.).

Explorar la sociedad

En su *Primera lección de prosa*, Cané exige que la literatura sea "expresión genuina de la vida social" (1858 c: 5, ya cit.)[41]. Poco antes ha definido la novela como "un hecho verdadero ó reputado verdadero". Y agrega:

> El motivo que sirve de tema á la narracion puede ser tomado de la historia, ó creado por el talento del autor. En el primer caso, no hay dos caminos á seguir, el escritor tiene que adoptar rigorosamente la historia, porque no le seria permitido alterar la verdad del hecho que narra, ni desfigurarla con formas que destruyan ó alteren la exactitud del mismo, sin perjudicar á su obra (4).

En la medida en que el autor respete la exactitud de las circunstancias principales, tiene total libertad para elaborar la novela, expresarse de acuerdo con su estilo propio y "derramar" sobre los hechos "todas las riquezas de su imajinacion". No obstante, resulta insuficiente la rigurosa veracidad o verosimilitud de "los medios de que se valga el escritor": "también es necesario que sean útiles, es decir, que concurran al esclarecimiento de los hechos, al desarrollo de las circunstancias y al ornamento de la narracion" (4-5).

Parece legítimo, a partir de estas premisas, considerar cada ingrediente de *El Traviato* como significativo, desde el punto de vista del autor, para el logro de un fin: "Aglomerando circunstancias inútiles, nimias, despreciables, y acumulando hechos y galas sin discernimiento, el autor podrá probar q' tiene imajinacion, pero no gusto, ni juicio: la prodigalidad no es la riqueza" (*id*. 5).

---

[41] Vicente Fidel López expresa: "el romance elocuente, el romance apasionado, el romance moral i virtuoso, es, bajo ciertos aspectos, el poema épico de las naciones modernas" (1845: 295).

Los aspectos políticos de la vida social quedan, sin embargo, casi al margen del enfoque narrativo. Parece increíble que la Revolución de Febrero se reduzca a un molesto episodio que restringe las oportunidades de diversión. Clementina se refiere a los acontecimientos en estos términos: "[...] porque esta maldita revolucion con que no contabamos, nos ha sorprendido, se puede decír, en la calle" (21 mar.).

Segry, por su parte, expresa:

> — Pero yo he salido de dia, y he visto todas las peripecias de ese gran drama.... Me he encontrado en la plaza de la Concordia, cuando los muchachos se batian á pedradas con los municipales, en la toma del *Chateau d' Eau* donde he visto quemar á muchos pobres soldados de la monarquia, y tambien en el grupo que motivó la catastrofe con el tiro de pistola sobre la guardia del ministerio de relaciones esteriores.
> — Que valor, dijo la jóven.
> — ¡Qué bella cosa! dijo Eujenio (21 mar.).

Para Eugenio se trata de un "gran drama", cuyas peripecias ha observado directamente. Resulta enigmática la exclamación "¡Qué bella cosa!", aunque alude presumiblemente al "tiro de pistola". Más claros parecen el adjetivo "pobres" aplicado a soldados de la monarquía y el sustantivo "catástrofe".

Cané no descalifica claramente la revolución ni adhiere a ella a través de *El Traviato*. Se limita a referencias ambiguas, lo cual puede ser bien elocuente. En otros momentos de la novela, la revolución aparece en un segundo plano, como tema de conversación frívola más que como episodio de una singular transformación de la vida social:

—Y cuanta [sangre] correrá aun en esta batalla á que nosotros asistimos sin quererlo y sin haberlo buscado.
[...] Se habló mucho de viaje, de América, de Alemania, de la revolucion de Febrero, de Literatura, de poetas (22-23 mar.).

No puede menos que puntualizarse aquí la significación que la Revolución de Febrero asumió para los intelectuales del Río de la Plata. Por un lado, la convicción colectiva de la posibilidad de construir una sociedad nueva, "sin privilegios ni desigualdades basadas en un orden sagrado o absolutizado, apriorístico y trascendente", que se encuentra en las raíces del proyecto moderno (Burucúa 9), formaba parte sustancial del proyecto de la joven generación argentina. Por otro, Esteban Echeverría inicia su trabajo "Revolución de febrero en Francia" con estas palabras: "Acaba de realizarse en Francia una revolucion sin ejemplo en la historia y de inconmensurable medida" (1870-1874: 4, 431).

Sin embargo —señala William H. Katra—, Echeverría "fue el único de los militantes de 1837 que expresó una posición decididamente favorable con respecto a la turbulencia social suscitada en toda Europa y que culminó en 1848" (151). Sus discípulos, más pragmáticos, advirtieron que "el movimiento revolucionario espontáneo de las fuerzas populares oprimidas, si bien no del todo imposible, resultaba completamente indeseable" (154). Valga como ejemplo Félix Frías —por entonces corresponsal en París de *El Mercurio* de Valparaíso—, quien describió los acontecimientos revolucionarios en las calles parisinas como "graves síntomas de decadencia", y calificó de "revolución destructiva" al movimiento (Katra 153).

Juan Bautista Alberdi, en su escrito "Don Esteban Echeverría; Noticia de este poeta americano, muerto recientemente en Montevideo"[42], subraya las diferencias entre el socialismo argentino y el de la revolución francesa de febrero y niega todo parentesco entre aquél y el comunismo "que hoy aflige a Francia y amenaza a Europa". Gracias a Echeverría, señala, las "ideas liberales desarrolladas en todo orden por la revolución francesa de 1830" ya existían en Buenos Aires desde diez años antes.

Aunque es imprescindible, por lo demás, marcar la diferencia entre los acontecimientos revolucionarios de febrero de 1848, que también entre los intelectuales franceses hicieron nacer una inmensa esperanza (Milner y Pichois 89), y las tumultuosas jornadas de junio del mismo año que dieron por tierra con sus expectativas, Cané tuvo tiempo de madurar sus ideas al respecto. Si bien durante parte de 1847 y todo el año 1848 estuvo en Europa y realizó un segundo viaje entre el 3 de setiembre de 1850 y abril de 1852, escribe —o data— su novela muchos años después, en 1857.

Verdad de los sentimientos y fidelidad a los hechos

Como demuestra Paul Hazard en ese libro extraordinario que es *La crisis de la conciencia europea (1680-1715)*, el movimiento del pensamiento moderno se desarrollaría a partir del Renacimiento con "una necesidad de invención, una pasión de descubrimiento, una exigencia crítica tan manifiesta, que se puede ver en ellas los rasgos dominantes de la conciencia de Europa", y, pasando por el Clasicismo, llega a una brusca y rápida crisis antes de finalizar el siglo XVII y prepara todo el siglo XVIII. "De este período —agrega, [...] parten claramente los dos ríos que cruzarán todo el siglo: uno, la corriente racionalista: el otro, exiguo a sus

---

[42] Datado en Valparaíso, mayo de 1851. Publicado en Alberdi 1954: 389-394.

comienzos, pero que después desbordará sus orillas, la corriente sentimental" (418-419).

Señala también con claridad que ya antes de 1760 se habían proclamado la igualdad y la libertad racionales del individuo y se habían tomado todas las actitudes mentales que llevarían a la Revolución Francesa. El desplazamiento del eje de la vida moral de la razón al sentimiento, fundamental aporte de Rousseau, caracteriza a la conciencia moderna.

Un examen profundo e iluminador sobre este tema puede encontrarse en Rodolfo Mondolfo. Según explicita, "[e]l antagonismo que Rousseau había suscitado entre su orientación sentimentalista y el intelectualismo, lograba una expresión más radical y decidida del viejo conflicto entre subjetivismo y objetivismo, que llegaba a traducirse en oposición entre el mundo de la valoración y el mundo del conocimiento" (100-101; Castro Leiva). Esta oposición se manifiesta explícitamente en *El Traviato*:

> [—] ¿Pero hasta donde se lleva allá en el Norte esta virtud que llaman la tolerancia, ese sarcasmo para la sangre que arde, que vive y que palpita como la mia? [...]
> — Pero el amor se empaña, Clementina, cuando la filosofia viene con su aliento á tocar el corazon! El amor es el fuego divino que no tiene causa conocida, que no pide à la vida sancion ni reproche, que existe porque existe, que hace feliz ó desgraciado porque es dulce como la dicha ó amargo como el desengaño. En la naturaleza el amor no tiene leyes, ni formas que lo reglen; aqui en estas sociedades tan lejos del estado primitivo, el amor es ya un método ó un sistema; en mi America, el amor es un instinto, un sentimiento virginal, cándido, y ciego como las confesiones del niño (11 abr.).

No parece inoportuno recordar aquí que, según cuenta Alberdi, Cané lo distraía de sus lecciones de latín porque llevaba a las aulas del Colegio Nacional un ejemplar de *La Nueva Heloísa* que, leído a hurtadillas, abría ignorados mundos a los jóvenes condiscípulos.

El narrador fidedigno y el encuentro de culturas

Mientras los escritores europeos comenzaban a proponer el "repudio del *ethos* burgués" antes mencionado, la literatura argentina siguió aplaudiendo por bastante tiempo los perfiles positivos de un modo de vida todavía desconocido en estas tierras. Recuérdese que Cané ha escrito: "Ante todo la verdad, la justicia, la mejora de nuestra pobre condicion humana, en fin, todo lo que, aun sacrificando la perfeccion nos de un progreso moral é intelectual. La obra que no llene esta doble misíon, sinó es del todo mala, es cuando menos importuna" (1838 b: 51No son de poca monta estas afirmaciones, porque condensan un aspecto insoslayable del credo estético sustentado por Cané y por la generación del 37 en su conjunto Así pues, si la literatura —la novela incluida— tiene como principal misión contribuir al logro de tales fines,, cabe indagar de qué manera *El Traviato* se subordina al objetivo ideológico propuesto[43].

Doble discurso

Ya he puntualizado en páginas anteriores que la novela ofrece un doble discurso generado por el contrapunto entre el París modélico, idealizado por el autor tanto como por los otros miembros de su generación, y los factores de entropía social (frase acuñada por José Isaacson) que Cané advierte en la capital francesa. En el texto existen suficientes indicios para admitir que al menos una parte de la novela es

---

[43] Utilizo 'ideología' con el alcance de sistema de creencias, valores y categorías por referencia a las cuales un persona o una sociedad concibe el mundo. En la obra narrativa es el conjunto de valores o sistema de creencias comunicado por el lenguaje del texto (Fowler 130).

autobiográfica[44] y que Eugenio Segry representa en alguna medida al joven argentino en su peregrinación hacia lo que concebía como la capital de la civilización y el progreso: "La Habana tiene su vírgen y rica naturaleza.... tiene toda la savia que la puede hacer inimitable; pero *le falta la inteligencia, la fisonomia artística que aqui abunda*" (25 mar.; subr. mío), expresa el joven cubano que protagoniza la novela y ha sido concebido como tal exclusivamente con el fin de encubrir la correspondencia estricta entre autor y personaje.

No solo el protagonista manifiesta verdadero deslumbramiento y asombro. También al narrador se le *filtran* algunas ponderaciones vehementes. Pero al mismo tiempo la ideología del autor implícito sujeta los desbordes de entusiasmo y garantiza el mensaje moral que debe recibir el lector. La mirada del narrador podría compararse en este sentido con el *mirar ardiente, honesto* de aquella dama que, en un soneto de Garcilaso, *enciende el corazón y lo refrena*.

De ninguna manera resulta fortuito que un narrador americano, más precisamente argentino, convoque a un destinatario de similares características:

> En *nuestros* paises se puede nutrir, largamente un deseo, una afeccion, pero en Paris donde el espléndido banquete de la vida, *os*[45] disputa gota á gota, todas *vuestras* facultades, acariciar un deseo, es asesinar á mil

---

[44] Entiendo con Lejeune por novelas autobiográficas: "tous les textes de fiction dans lesquels le lecteur peut avoir des raisons de soupçonner, á partir des ressemblances qu'il croit deviner, qu'il y a identité de l'auteur et du personnage, alors que l'auteur, lui, a choisi de nier cette identité, ou du moins de ne pas l'affirmer" (1975: PAG).

[45] Este párrafo determina claramente que el lector está incluido en esa primera persona del plural tras la que se oculta el narrador y que no se trata simplemente de un plural mayestático.

otros, y estos asesinatos ni son de moda, ni son agradables. Eujenio esperó como se espera en *esa* sociedad [...] (Cané 1858 b: 7 abr. Subr. míos).

La descripción animada de un París mundano subraya la presencia de elementos diferentes de los que se encuentran "entre nosotros", tales como los *veedores* (traduce así *voyeurs*), "raza desconocida *entre nosotros*, que tranquilos é indiferentes gozan por dos sueldos que cuesta una silla de paja, de todas las variantes que dé ese panorama inmenso que se reproduce sin cesar" (22-23 abr. Subr. mío). También existen en otros pasajes de la novela "un lago donde retozan las góndolas caprichosas, como los cisnes en las lagunas de *nuestro Paraná*" (11 abr.) y un desembarcadero que, "en vez de ser una floresta graciosa y coqueta como la nuestra, es un vasto edificio" (2-3-4-5-6 abr.; subr. míos).

Resulta claro que esta condición de argentino que conoce bien París permite al narrador evaluar con mayor autoridad la realidad social y cultural que configura.

El discurso de los personajes

Además de la información que suministra el narrador, el lector de *Eugenio Segry o El Traviato* conforma su saber acerca del mundo representado a través de los diálogos y de la reproducción del discurso interior del protagonista.

Un hecho proporcionado por el autor o por su inequívoco portavoz es muy diferente del mismo hecho dado a nosotros por un personaje falible de la historia (Booth 1974: 166): la diferencia reside — dicho con palabras de Martínez Bonati (2001)— en la *verdad* como atributo de sus afirmaciones.

En esta como en otras novelas de Cané los personajes "filtran" la información del autor, la tiñen de matices afectivos y orientan con cierta naturalidad los aspectos ideológicos del discurso (Curia 1996)..Así, un diálogo entre el europeo Juan H. y el americano Segry sintetiza los dos polos entre los que se desarrolla la acción de la novela:

> [—] La Francia ha hecho la conquista del mundo, por su idioma, y los Franceses saben hacer conocer y amar á su pais, sobre todo á Paris, como lo sabian hacer los Atenienses en el tiempo de Alcibiades, y de sus varones ilustres........
> —Veremos que juicio forma vd. de Paris dentro de seis meses, y por Paris, de la Francia y de sus hombres.......
> (Cané 1858 b: 24 mar.).

Otros diálogos entre Clementina y Eugenio contraponen características temperamentales del Norte y el Sur: "—¡Como son exageradas las cabezas meridionales! / —Abundantes, como nuestra naturaleza, como nuestros bosques, y como nuestras pasiones...".

Lo mismo ocurre en un intercambio de palabras entre Eugenio y la *lorette* Florentina, que sintetiza los rasgos de uno y otro mundo:

> —Es desencanto, preciosa, es fastidio de esta vida que en su aparente variedad, es siempre la misma. Vdes[.] no conocen la pena que yo sufro, porque para vdes. la vida loca, esteril y desordenada es un oficio, mientras que para mi fué una novedad, que ha concluido, como concluye todo lo que se conoce á fondo....
> [—] ¡Que rareza! Ahora se convierte vd. en misántropo: pues amiguito, ha elegido vd. el sitio menos apropósito para sus meditaciones.... y haciéndole una reverencia dejó á nuestro americano, que no se dignó siquiera tocarse el sombrero.... (11 abr.).

Por un lado, el autor implícito recurre a la voz del narrador para evaluar ideológicamente el mundo representado. Por otro, el narrador pone con este objetivo un discurso ideológicamente afín al propio o contrapuesto a él en boca de los personajes.

Presta su voz, por ejemplo, a una señora de La Habana, personaje secundario que "poseia una alma y una sensibilidad tal que habria podido ocupar un puesto entre los ángeles que enzalzan al Señor" (24 mar.). Tras hablar mucho "de costumbres, de moral, y de la patria", la amiga de Segry "no pudo dejar de prevenirlo de los peligros que corre un americano inesperto, en *ese mundo trascendente en el arte de engañar* de que están llenas las *grandes capitales Europeas*" (24 mar.; subr. míos).

Una afirmación referente a los americanos en boca la actriz Doche, personaje secundario cuya posición en la sociedad parisina[46] le confiere autoridad, adquiere mayor predicamento para el lector que si el propio narrador efectuara el comentario:

> La fama de ricos, de generosos y de caballeros, les precede á vds. de tal modo mi querido Señor, que no estrañaria que uno de estos dias mi bonita Clarissa, prefiriese para amante á un pampa de los desiertos Argentinos, á el mas empinado conde ruso.... Vds. hacen furor en Paris.... con razón ó sin ella, poco importa.... el hecho es que todas las banderas caen rendidas ante el estandarte de los nietos de Colon (8 abr.).

---

[46] Marie-Charlotte Eugénie de Plumkett, hija del director del Palais-Royal y célebre actriz, era conocida como *Madama Doche* por el apellido de su esposo, director del Vaudeville. Fue la primera que encarnó a Margarita Gautier y la Dama de las Camelias fue el personaje de su vida (Téllez 22-23).

El contraste de lo que el narrador ha venido expresando para formar las creencias del lector acerca de las jóvenes *demi-mondaines* —criaturas "desgraciadas", "víctimas" de la sociedad en la que viven, pero "alejadas de los valores morales"— con las afirmaciones de Clarisa determina que éstas sean leídas oblicuamente y se les otorgue un significado opuesto en el ámbito de los valores relativos a la familia:

> Si la constancia es una obligacion, quiere decir que es tambien una carga y nadie soporta con gusto las cargas; si la constancia es un habito que no degenere en prosa y que no pierda su mérito como todos los actos sin conciencia; si la constancia es un recurso para las recompensas de la otra vida, yo amo mas los de esta, y doy á mi voluntad todo lo que me pide siempre que puedo.
> [...] el Teatro, el baile, el bosque, los thé, las cenas eran á su juicio [de un americano], cosas escandalosas para una mujer que amase bien á su marido. Parece que allá en su país se realiza la alegoria de la comedia española sobre la felicidad conyugal; la muger con la barriga á la boca y el marido en mangas de camisa (9 y 10 abr.).

En *El Traviato* el lector reconoce a veces con nítidos acentos la voz del autor implícito, que inserta su mensaje ideológico en el discurso interior del protagonista:

> Me hé arrojado à este mundo que devora, como Plinio afrontaba el crater del volcan, para estudiarlo, conocerlo á fondo, describirlo, y aprecia/rlo luego en su justo valor[47]. [...] De vuelta à nuestra patria les contaré á los que quieran oirme como se pasa la vida pràctica en esta sociedad, y les indicaré à los que quieran ver que *este mundo despreciable á los ojos de toda persona*

---

[47] Parece ser una síntesis del propósito de *Eugenio Segry o El Traviato*.

> *honesta, es el germen de todos los descarrios, y de todas las grandezas de la sociedad visible de esta nueva Sodoma* (9 abr. Subr. mío).
>
> [...] Yo he querido conocer este mundo, y ya veo que no tiene misterios; empiezo á comprender *que el unico encanto de la existencia viene del alma, y que cuando ella calla todo es efimero, incompleto y disgustante. [...] esta vida es esteril, como lo son siempre los escesos de cualquiera naturaleza que sean* (10 abr. Subr. mío).

En otras ocasiones, el protagonista no emite un juicio valorativo, pero su asombro ante las diferencias y semejanzas entre la realidad europea y la americana define, a través de sus propias palabras, sus prejuicios y su aprendizaje: "Oh! señora.... ¿tan jóven? .... yo creia que en Europa, los casamientos no se hacian tan temprano como en mi pais......" (21 mar). O su opinión sobre Versalles, tras la que sin mayores dificultades advertimos el juicio del autor implícito:

> —*Exesivo, injuriante*, para los que no pueden disponer de los tesoros de un reino en obsequio de la mujer querida ó de la vanidad personal [...].
> —¡Que extravagancia! Quiere vd. una intelijencia mas rica que la de Luís XIV?
> —*Quiero un corazon mas noble, quiero una vida lójica, la consecuencia y el principio, el progreso y no el retroceso, la abnegacion y no el egoismo* [...] (7 abr. Subr. míos).

Adjetivos que forman creencias

Para establecer una relación entre los detalles y las normas del autor implícito (Booth 1974: 175), son de particular importancia en *El Traviato* los adjetivos o los modificadores adjetivos vinculados con Eugenio Segry.

El título de la novela resulta por demás elocuente. Hasta qué punto el apelativo que incluye es osado y subraya la distancia entre la conducta de Segry y los patrones morales del momento se advierte en el hecho de que el título de la ópera de Verdi —*La Traviata* (literalmente traducido, *La descarriada*)— en los primeros años fue sistemáticamente sustituido por el nombre de la protagonista, *Violetta*, y debió ser más tarde transformado en *La desencaminada* o *La extraviada* para su edición y estreno en España (por ejemplo, una edición barcelonesa de 1858, coetánea de la novela de Cané) (Téllez). Los adjetivos tienden a mostrar el proceso gradual que lleva desde la candidez al hastío al joven protagonista de esta suerte de *Bildungsroman*. La "humildad del *muchacho de Colegio*" —que caracteriza al "*cándido* Segry" (2-3-4-5-6 abr.; subr. mío), "estrangero *demasiado novicio*" (21 mar.; subr. mío)— se convierte en la hipocresía del hombre de mundo, en el juego de la simulación que ha emprendido el *Traviato* en París: "su hipocresia de veinte años *le sirvió por la primera vez*" (22-23 mar.; subr. mío). Esta aserción califica retrospectivamente de sincero al personaje, subrayando que es la presión del ambiente parisino la que lo transforma en hipócrita y no simplemente su enamoramiento, por cuanto el Habanero había ya amado y "creia en la bienaventuranza de los ángeles rubios, como antes habia creido en la de los àngeles morenos de su pais" (22-23 mar.).

Cuando llega el hastío, el adjetivo es *blasé*, vocablo francés que Cané no ha escogido por casualidad:

> El hombre de veinte años empezaba á ser cadáver para la vida del sentimiento, hombre *blassé*[48], como

---

[48] Emplea *blassé* por *blasé*: fr. estragado, hastiado de todo.

dicen *los* parisienses que *comprenden hasta el fondo el significado de esa palabra, y que nuestra sociedad no ha creado todavía, por que falta el estado que ella representa* (11 abr.; subr. mío).

A veces no es un adjetivo el que califica, sino la selección de sustantivos, como en una descripción de la vida parisina: "y la vida en todas sus ilusiones, en todas sus mentiras, y en todas sus estravagancias". Otras, el epíteto peyorativo queda tácito por antítesis, como cuando, refiriéndose a los dispendiosos lujos del París mundano, a los carruajes de las *lorettes*, comenta: "esos equipajes [...] representan la fortuna de una familia *honesta*" (22-23 mar.; subr. mío).

Si las intrusiones sobre valores y creencias "ofrecen una tentación especial al novelista" (Booth 1974: 173), esa tentación se transforma en obligación cuando programáticamente el autor se ha propuesto —es el caso de Cané— formar las creencias del lector para inducirlo a que adopte su ideología. Resulta insustituible en este plano el comentario apreciativo (*ibid.* 168), privilegio del narrador omnisciente:

> Son las cinco de la tarde y el Paris *elegante, alegre, lujoso, aquel que vive con la sonrisa en el rostro, como el tísico sin acordarse de la sentencia de muerte que lleva en el pecho,* se encuentra derramado todo entero en los Campos Eliseos y en el Bosque de Bolonia (22-23 mar. Subr. mío).

El narrador contrapone más de una vez su ideología a la del personaje, haciendo valer su autoridad, su privilegio cognitivo y su confiabilidad. Esta cita se ha leído más arriba, pero estimo útil repetirla porque muestra en esencia el juego de las voces narrativas:

> El habanero era hombre de intuicion y en vez de sobrecojerse en presencia de ese espectáculo nuevo para él, y acaso no soñado en sus fiebres de viaje, se dijo alegre y gozoso á si mismo *"este es mi mundo, aqui está mi teatro"*. *Pobre loco que se creia mas fuerte que ese poder eterno del tiempo, del lujo, de la prostitucion y de lo falso* (22-23 mar. Subr. míos).

Con la ventaja que le otorga estar fuera del mundo que describe, el narrador puede tomar distancia y evaluarlo con ironía, dando por bueno y correcto lo que en definitiva reprocha: "La primer entrevista fué encantadora, todos los secretos de la fina sociabilidad salieron á la escena, y *la màscara* hizo perfectamente su papel" (22-23 mar.; subr. mío). Sigue una comparación irónica entre la sociedad europea y la americana torna evidente cuál es la opción del narrador: las tranquilas sociedades americanas.

Final con moraleja

El autorizado narrador sintetiza con fuerte impronta ideológica el periplo realizado en Francia por el protagonista:

> Nuestro amigo se habìa entregado frenéticamente á la vida alegre y material, de que Paris es el primer teatro del mundo; pero dotado de una inteligencia despejada, de instintos y gustos de otro género, su naturaleza le exijia ya otra vida y otra clase de estudios. Las ciencias, las artes, los progresos de la industria y las costumbres de ese mundo de la buena sociedad que como el idioma, como las letras, como la cocina y las modas francesas, han hecho la vuelta de la tierra plantando su bandera en todas partes, eran minas inesplotadas para el viagero, y dignas sin duda de su estudio y de su tiempo (12-13 abr.).

El final de la novela muestra a Segry ocho años más tarde, convertido en un hombre de provecho. Se encuentra en Montevideo, ciudad a la que ha viajado en su condición de médico para luchar contra una epidemia de fiebre amarilla. Una pianista extranjera le da noticias acerca de Clementina, la mujer que había amado en París. Le dice que ella vive dichosa, con buena reputación y libre. Un comentario del narrador clausura el *Bildungsroman* y realza su dimensión edificante:

> ¿Que mas para la agradecida curiosidad de Segry? ...... Un remordimiento menos pesaba sobre su corazon, y una leccion mas habia venido á enriquecer su larga esperiencia (12-13 abr.).

La sociedad rioplatense y la modélica Europa de mediados del siglo XIX han quedado retratadas en esa suerte de *patchwork* de realidad que es el mundo de la novela (Genette 50), ya que el mundo vivido por Cané, aunque no pertenece a la narración, está simbolizado en ella.

El autor implícito evalúa ideológicamente dos culturas contrapuestas y elabora un discurso que explicita las falencias de ambas. Despliega sus estrategias para que su novela actúe sobre el lector. Así lo exige su estética, subordinada a "la verdad, la justicia y la mejora de nuestra pobre condicion humana". Factor decisivo para el logro de sus fines es la elección de un narrador fidedigno[49], capaz de denunciar con autoridad los rasgos entrópicos de la civilización europea, rasgos que han de evitar los países americanos para su *progreso moral e intelectual*.

---

[49] Denomino *narrador fidedigno*, según la nomenclatura de Wayne Booth, al que "habla o actúa de acuerdo con las normas de la obra (es decir, las normas del autor implícito)" (1974: 150).

El Traviato y la novela moderna

Como ya lo había sido *Esther*, *Eugenio Segry o El Traviato* resulta innovadora en el camino del género hacia la novela moderna, que pretende pintar al hombre o una época de la historia, descubrir el mecanismo de las sociedades y plantear los problemas últimos (Marill-Albérès).

- Transcurre en París y testimonia las condiciones sociohistóricas y culturales del momento (la Revolución de febrero de 1848, que registra tangencialmente, la representación de *La Dama de las Camelias*).
- Analiza la vida galante parisina, en particular el mundo de las prostitutas a la moda, "esa tropa de mujeres que viven del acaso como los pájaros que viajan de zona en zona huyendo de los rigores del hambre y del frio" (9 abr.).
- Reivindica el derecho a "*la verdad de los afectos*" (12-13 abr.; subr. mío) y presenta un triángulo amoroso del que participa una mujer casada.

Resulta útil advertir que los cuatro tipos de novela que se asocian en la novela *sintética* del siglo XIX según Bajtín —para quien la novela ha jugado un papel importante y hasta pivotal en la formación de la conciencia moderna[50]— se manifiestan en *El Traviato*. Quizá con mayor grado de combinación entre los diversos tipos bajtinianos que la novela europea de su tiempo, *El Traviato* entrelaza los hilos de la autobiografía de Cané, del deambular de Eugenio por la topografía parisina, del *Bildungsroman* y de algunas formas de la puesta a prueba en la sociedad extranjera y desconocida.

---

[50] Sobre este punto véase Michael Gardiner. En especial, cap. VI.

Cuando Cané escribe su novela hace ya tiempo que Stendhal ha efectuado sus magistrales análisis psicológicos y la pluma de Balzac ha engendrado la *Comedia humana*. Así como no debemos pecar de ingenuos suponiendo que la narración de Cané cumple acabadamente el cometido de historiar la vida privada de su tiempo, tampoco hemos de ser injustos cediendo a la tentación de endilgarle comparativamente pobreza psicológica, linealidad en los caracteres o inconsistencia en el cuadro social.

Observación de la realidad, contraste cultural y verdad psicológica configuran un tapiz animado que, si bien todavía rudimentario, resulta vigoroso y fundacional para la constitución de la novela moderna en el Río de la Plata.

CONCLUSIÓN

La novela argentina se inicia con definido influjo de la teoría literaria de los siglos diecisiete y dieciocho, atenta a evitar los malos ejemplos y la disolución de las costumbres atribuida al género. Tanto en el prólogo de Mitre a *Soledad* como en otros textos inaugurales de nuestra estética de la novela, ese influjo se hace notorio. La práctica escritural sigue idénticos lineamientos y acredita por ello no pocas restricciones temáticas.

Hacia 1925 señalaba Ortega que las novelas, "la fauna poética más característica de los últimos cien años" (83), ofrecen una *autopsia* de la realidad[51]. En las letras argentinas anteriores a Cané, sin embargo, el registro de la verdad psicológica y social como función de la novela es una vertiente en gran medida inexplorada. Así, *Soledad* de Mitre traspone en una moralizante versión americana el triángulo pasional configurado por George Sand en *Indiana* (Rípodas Ardanaz). El prólogo ya mencionado —verdadero manifiesto de la novela argentina y "le premier manifeste du roman hispano-américain" (Verdevoye 1997: 21)— propone una novela que sea "espejo fiel" en el que se refleje el hombre con sus vicios y virtudes y cuya vista despierte "por lo jeneral profundas meditaciones o saludables escarmientos" (Mitre 1928: 94).

En su diario de juventud, Mitre expresa su juicio acerca de las *Memorias del diablo* y condena doblemente la novela de Soulié, publicada entre 1837 y 1838, y la sociedad europea:

---

[51] Mucho antes, había escrito Villemain: "À ce titre, personne de vous ne sera étonné de me voir fixer quelque temps votre attention, sur quoi? Sur des romans. Et pourquoi non? Le roman moral, ce genre de littérature presque absolument inconnu à la antiquité, *est presque l'expression la plus vivante et la plus fidèle de notre civilisation moderne*" (II, 374. El subr. es mío).

> He leído las *Memorias del Diablo*. Lo tomé como un estudio poético. Es una obra endemoniada que tiene por objeto destruir todo el encanto de la vida. Donde pone la mano Satanás es para dejar una esperanza, ridiculizar un sentimiento generoso, ahogar una virtud. Horrible tendencia, digno fruto de una sociedad vieja y corrompida como la Europa. Guardémonos los Americanos del hábito [sic] envenenado de esas doctrinas y tengamos una fe ardiente en los destinos de la América (1936: 41).

Y agrega más adelante, adhiriendo a un juicio de Nisard sobre el "romance" —novela—, que tolera "el adulterio, el concubinato, el amor lascivo y desenfrenado": "El romance, y muy especialmente el romance francés, es la cosa más inmunda que la imaginación más torpe puede crear en sus más espesos sueños" (57).

Como bien subraya Myron Lichtblau en su ya canónica obra *The Argentine Novel in the Nineteenth Century* (22-23), una de las razones por las cuales no se desarrolló una novela colonial en Hispanoamérica fue la falta de una tradición social fuertemente enraizada, porque la novela, que depende de la interacción entre el medio y los personajes, no podía desarrollarse fácilmente en una sociedad todavía en formación y poco cohesiva.

En su discurso inaugural del Salón Literario, Marcos Sastre emite una de las primeros juicios descalificadores acerca de las novelas cuando las considera "sabandijas literarias" que sacan "a la pública luz las pasiones más vergonzosas, los extravíos más secretos de un corazón corrompido, la crónica escandalosa de las costumbres" y pervierten el corazón puro de los jóvenes (Weinberg 1977: 119-120). Otro tanto hacen Félix Frías y Luis L. Domínguez, redactores de *El Orden*.

Por su parte, Vicente Fidel López censura en su *Curso de Bellas Letras* la novela francesa del siglo XIX porque pinta "los vicios mas torpes e inmundos de la sociedad, desencantando el corazon de todas las ilusiones, y persuadiendo de que no existen en el mundo virtudes" (300). Propone, en cambio, novelas en las cuales se idealicen los sucesos domésticos —característicos del siglo XIX— y se fortalezcan *los buenos principios de nuestra conducta privada* (297)[52].

En este contexto, teniendo en cuenta lo desarrollado en los capítulos anteriores, Miguel Cané (p.) aparece como iniciador de la novela romántica argentina y como pionero en el país de la novela moderna.

Así como con *Marcelina* inaugura la novela histórica, *Dos pensamientos* lo convierte en padre de nuestra novela sentimental.

Cané pretende que la novela no solo muestre la verdad de los afectos, sino que se transforme —como toda la literatura, por otra parte— en "expresión genuina de la vida social" (1858 c: 5). Por primera vez en *Esther* y, con más vigor, en *Eugenio Segry o El Traviato* se plasman estas ideas y la novela adquiere rasgos de modernidad no perfilados hasta entonces.

---

[52] Sobre esta función de la novela en *La novia del hereje*, cf. William M. Katra (258). También Molina 2008 y 2011.

BIBLIOGRAFÍA Y FUENTES

Fuentes

Miguel Cané (p.). "Esther", manuscrito. Archivo General de la Nación. Sala VII, Colección Miguel Cané, Legajo 8, N.º 2209.

——. "Roma", manuscrito. Archivo General de la Nación. Sala VII, Colección Miguel Cané, Legajo 8, N.º 2209.

——. [Escrito autobiográfico manuscrito]. AGN, Sala VII, Colección Miguel Cané, Legajo 8. N.º 2209. 8-32.

——. "Una faccion" [frag. manuscrito de *Laura*]. Archivo General de la Nación. Sala VII, Colección Miguel Cané, Legajo 8, N.º 2209.

——. 1838 a. "Dos pensamientos: Narracion" por "L. M.". *El Iniciador*, Montevideo, I.11, 15 ago. 1838: 230-3.

——. 1838 b. "Literatura" por "N.". *El Iniciador*, Montevideo, I.3, 15 may. 1838: 49-52.

——. 1838 c. "Una historia" por "C. M.". *El Iniciador*, Montevideo, II.1, 15 oct. 1838: 1-6.

——. 1838 d. "Modas". *El Iniciador*, Montevideo, I.8, 15 may. 1838: 53-54.

——. 1838 e. "Alejandro Manzoni". *El Iniciador*, Montevideo, I.2. 1 may. 1838: 25-27

——. 1852 a. Carta a José Mármol. [Montevideo], 13 de mayo. Archivo General de la Nación. Colección Miguel Cané. Sala VII, N.º 2250, Doc. 7540.

——. 1852 b. Carta a José Mármol. Montevideo, 30 de mayo. Archivo General de la Nación. Sala VII, Colección Miguel Cané, N.º 2250, Doc. 7541.

——. 1852 c. Carta a José Mármol. Montevideo, ¿4 de mayo? Archivo General de la Nación. Sala VII, Colección Miguel Cané, N.º 2250, Doc. 7543.

——. 1852 d. "Esther. Simple narración". *La Brisa*, I.1. 4 set.: 3-12.

——. 1854. "Una noche de boda". *El Plata Científico y Literario*, II, set.: 105-22.

——. 1855. "La novia del hereje, ó la inquisicion de Lima, Por el Dr. D. Vicente F. Lopez". *La Tribuna*, 15 dic.: 1-2.

——. 1857. "Una noche de boda". *El Imparcial*, Córdoba, III.417, 10 set.: 3-4; 418, 11 set.: 3-4; 419, 12 set.: 3-4; 420, 13 set.: 3-4; 421, 15 set.: 3-4; 422, 16 set.: 3-4; 423, 17 set.: 3-4; 424, 18 set.: 3-4.

——. 1858 a. *Esther: Novela original.* Biblioteca Americana, IV. Buenos Aires: Imprenta de Mayo. Existe versión digitalizada en <www.cervantesvirtual.com> y en <www.aal.edu.ar>. El volumen incluye: "Esther: Simple narración" (25-195), "La familia de Sconner" (106-219), "Fantasia" (220-9) y "En el tren" (230-5).

——. 1858 b. "Eujenio Segry o El Traviato". *La Tribuna*, 21 mar.-13 abr.: 1, folletín.

——. 1858 c. *Primera leccion de prosa pronunciada en el Ateneo del Plata, en la noche del 20 de octubre.* Buenos Aires: Imprenta de la Tribuna.

——. 1858 d. "Una noche de boda". *La Tribuna*, 14, 15, 16, 17 y 18 abr.: 1, folletin.

——. 1858 e. "Una noche de boda: Novela original". Magariños Cervantes 1858 b. 215-256.

——. 1858 f. "En el tren". *La Tribuna*, 25 abr.: 2.

——. 1858 g. "Escenas de familia; Una de mil". *La Tribuna*, 26 abr.: 2.

——. 1859. "Episodio de la peste: Á la señorita Da. Corina Madero; Cora o La partida de caza". *Museo Literario.* 2-3, 14-6, 31-2, 39-41, 53-4, 65-7.

--. 1863. "*La Novia del Hereje ó la Inquisicion de Lima* Por el Dr. D. Vicente F. Lopez. (Juicio Crítico)". *La Revista de Buenos Aires*, II, 1863: 624-32.

——. 1864 a. "Apuntes de viaje: Italia". *El Correo del Domingo*, II: 489-490, 518-519.

——. 1864 b. "Laura (fragmento de una novela del Dr. D. Miguel Cané)". *El Correo del Domingo*, I: 247-250.

——. 1929. *Esther*. Pról. Ricardo Rojas. Publicaciones del Instituto de Literatura Argentina, Sección de Documentos, serie 4.ª – Novela, I.7. Buenos Aires: Universidad de Buenos Aires, Facultad de Filosofía y Letras. 269-322.

——. 1930. *La familia de Sconner*. Pról. N[arciso] B[inayán]. Publicaciones del Instituto de Literatura Argentina, Sección de Documentos, serie 4.ª – Novela, I.10. Buenos Aires: Universidad de Buenos Aires, Facultad de Filosofía y Letras. 409-483.

——. 1941 a. "Dos pensamientos: Narracion" por "L. M.". *El Iniciador*. 314-7.

——. 1941 b. "Literatura" por "N.". *El Iniciador*. 133-6.

——. 1941 c. "Una historia" por "C. M.". *El Iniciador*. 357-62.

——. 1941d. "Mis visitas, Artículo Primero". *El Iniciador* [I.2, 1 may. 1838: 28-30]. 111-114.

——. 1941 e. "Mis visitas, Artículo Segundo". *El Iniciador* [I.3, 15 may. 1838: 56-58]. 140-142.

——1941 f. "Mis visitas, Artículo Tercero". *El Iniciador* [I.6, 1 jun.1838: 77-79]. 161-163.

——1941 g. "¡Pero!!!". *El Iniciador* [I.2, 1 may. 1838: 34-36].

——. 1996. "Marcelina". *El Cané desconocido: Marcelina*. Beatriz Curia, ed. crítica, estudio y notas. ECTLA, Ediciones Artesanales, 2. Buenos Aires: Centro de Integración Cultural de la Sociedad Científica Argentina. 27-57.

——. 2000. *Dos pensamientos: Narración*. Beatriz Curia, ed. crítica, estudio y notas. Buenos Aires: Universidad de Buenos Aires, Facultad de Filosofía y Letras, Instituto de Literatura Argentina "Ricardo Rojas".

——. 2004. "Roma". *Cané inédito: "Roma". Apuntes de viaje de Miguel Cané (p.)*. Beatriz Curia, estudio, ed. y notas. Buenos Aires: UBA, Facultad de Filosofía y Letras, Instituto de Literatura Argentina "Ricardo Rojas"/ Ediciones Laurel del Sur. CD ROM. 73-238.

Bibliografía

Alberdi, Juan Bautista. 1845. *Veinte días en Génova*. Valparaíso: Imprenta del Mercurio.

——. 1954. *Obras escogidas*. Tomo VII. *Cartas sobre la prensa y La política militante de la República Argentina*. Buenos Aires: Luz del Día.

Argan, Giulio Carlo. 1954. "El pensamiento artístico de Miguel Ángel". *Ars: Revista de arte*, XV. 66. Buenos Aires. (Homenaje a Miguel Ángel).

Arrieta, Rafael Alberto, dir. 1958-1960. *Historia de la literatura argentina*. Buenos Aires: Peuser.

Bajtín, M. M. 1985. *Estética de la creación verbal*. Trad. de Tatiana Bubnova. 2 e. México: Siglo XXI.

Baldasso de Fiocchetta, Sonia N. "Algunos aspectos del espacio en *Esther* de Miguel Cané (padre)". Tesis de Licenciatura inédita. Mendoza: Facultad de Filosofía y Letras, Universidad Nacional de Cuyo, 1982.

Barrán, José Pedro. 2001. *Historia de la sensibilidad en el Uruguay*. Tomo 1: *La cultura «bárbara» (1800-1860)*. Montevideo: Grupo Editor, Ediciones de la Banda Oriental.

Battistessa, Ángel J. 1958. "Echeverría, primera atalaya de lo argentino". Esteban Echeverría. *La Cautiva. El Matadero*. Fijación de los textos, prólogo, notas y apéndice documental e iconográfico de Ángel J. Battistessa. Buenos Aires: Peuser. xiii-civ.

Béguin, Albert. 1954. *El alma romántica y el sueño: Ensayo sobre el romanticismo alemán y la poesía francesa*. Trad. de Mario Monteforte Toledo, revisada por Antonio y Margit Alatorre. México: F.C.E.

Béraud, F.-F.-A. 1839. *Les filles publiques de Paris, et la police qui les régit*. Paris- Leipzig: Desforges et Cie.

Blengino, Vanni. 1993. "El viaje de Sarmiento a Italia". Trad. de Clara Paz. Sarmiento. 791-827.

Booth, Wayne. 1961. *The Rhetoric of Fiction*. Chicago: The University of Chicago Press.
——. 1974. *La retórica de la ficción*. Versión española, notas y bibliografía de Santiago Gubern Garriga-Nogués. Barcelona: Bosch.
Boutry, Philippe. 1997. "El cura". François Furet (ed.). *El hombre romántico*. Madrid: Alianza Editorial. 211-238.
Buonarroti, Michelagnolo. 1623. *Rime de...* Raccolte da Michelagnolo suo Nipote. Firenze: Appresso i Giunti.
Buonarroti, Michelangelo. 1945. *Rime*. Roma: Colombo Editore.
Burucúa, José Emilio. 1993. *Sabios y marmitones: Una aproximación al problema de la modernidad clásica*. Buenos Aires: Lugar Editorial.
Byron, [George Gordon], Lord. s.f. *The Savoy Edition of the Poetical Works of ...]*. With an introduction by W. M. Rossetti. London: Eyre & Spottiswoode.
C.A. [Cúneo, Juan Bautista]. 1838. "He leído El Iniciador". *El Iniciador*, I.3, 15 may.: 59-63.
Campra, Rosalba. 1989. "Buenos Aires infundada". Rosalba Campra (coord.). *La selva y el damero: Espacio literario y espacio urbano en América Latina*. Pisa: Giardini Editori. 103-117.
Calzadilla, Santiago. 1982. *Las beldades de mi tiempo*. Buenos Aires: Centro Editor de América Latina.
Cândido, Antonio. 1972. "Literatura y subdesarrollo". César Fernández Moreno (coord. e introd.). *América Latina en su literatura*. México: Siglo XXI / Unesco. 335-353.
Cané, Miguel [hijo]. 1930. "Mi padre". *La Nación*, Buenos Aires, 6 set.
Carilla, Emilio. 1967. *El romanticismo en la América Hispánica*. 2 e. revisada y ampliada. Madrid: Gredos.
Carretero, Andrés M. 1998. *Prostitución en Buenos Aires*. 2 e. Buenos Aires: Corregidor.

Castro Leiva, Luis. 1994. "Memorial de la modernidad: Lenguajes de la razón e invención del individuo". Annino, Antonio; Castro Leiva, Luis; Guerra, François-Xavier (dirs.). *De los imperios a las naciones: Iberoamérica.* Zaragoza: iberCaja. 129-165.

Cicerchia, Ricardo. 1998. *Historia de la vida privada en la Argentina,* Buenos Aires: Troquel.

Curia, Beatriz. 1993. "Perspectivas sobre la estética de Miguel Cané (padre)". *Revista de Literaturas Modernas,* 27. Número homenaje al Dr. Adolfo Ruiz Díaz. Mendoza, Universidad Nacional de Cuyo, Facultad de Filosofía y Letras, Instituto de Literaturas Modernas: 163-191.

——(Edición crítica, estudio y notas). 1996. *El Cané desconocido. Miguel Cané (padre): "Marcelina".* Buenos Aires, Centro de Integración Cultural de la Sociedad Científica Argentina, Departamento de Edición y Crítica Textual Literatura Argentina (Ectla).

——. 2000. "La realidad educativa argentina hacia 1838. El enfoque de Miguel Cané, padre". *Palabra y Persona,* 7, Buenos Aires, Centro Argentino P.E.N. Internacional: 114-124.

——. 2001. "Italia en los Apuntes de viaje de Miguel Cané (Padre)". *Actas del XIV Congreso de la Asociación Internacional de Hispanistas.* 4 vols. [Nueva York, 16-21 de julio, 2001]. Isaías Lerner, Robert Nival y Alejandro Alonso, eds. Newark, Del.: Juan de la Cuesta—Hispanic Monographs.

——. 2002 a. "La estética literaria de la generación del 37 en una carta inédita de José Mármol". *Arrabal,* 4. Universidad del País Vasco. 41-49.

——. 2002 b. "Literatura y política en la Argentina del siglo XIX". *Palabra y Persona,* 9. Buenos Aires, Centro Argentino P.E.N. Internacional: 122-133.

——. 2004. *Cané inédito: "Roma". Apuntes de viaje de Miguel Cané (p.).* Buenos Aires: UBA, Facultad de Filosofía

y Letras, Instituto de Literatura Argentina "Ricardo Rojas"/ Ediciones Laurel del Sur. CD ROM.
——. 2007. "Miguel Cané, (1812-1863), primer novelista argentino". *Decimonónica*, 4. 1: 23-32. En línea: <http://www.decimononica.org>.
Curia, Beatriz y colab. 1982. "Los epígrafes en *La cautiva*". *Revista de Literaturas Modernas*, 15. Mendoza, Universidad Nacional de Cuyo, Facultad de Filosofía y Letras, Instituto de Literaturas Modernas: 67-86.
——y colab. (ed.). 1990. José Mármol. *Amalia*. Edición crítica y anotada. Mendoza: Facultad de Filosofía y Letras de la U.N.Cuyo, Centro de Edición y Crítica Textual Literatura Argentina (Cectla). I.
Cussler, Margaret; De Give, Mary L. 1972. *Twixt the cup and the lip; psychological and socio-cultural factors affecting food habits*. Washington: Consortium Press.
Domínguez Caparrós, José. 1993. *Orígenes del discurso crítico*. Madrid: Gredos.
Esteban Echeverría. 1941. "Código, ó declaracion de los principios que constituyen la creencia social de la República Argentina; Introduccion: Palabras Simbólicas de la fe de la Joven Generacion Argentina". *El Iniciador* [II.4, 1.° ene. 1839: 65-85]: 421-441.
——. 1870-1874. *Obras completas*. [Edición de Juan María Gutiérrez]. Buenos Aires: Carlos Casavalle.
El Iniciador. 1941. Ed. facsimilar. Est. preliminar de Mariano de Vedia y Mitre. Buenos Aires: Kraft.
Forster, Karol.1848. *Quinze ans à Paris, 1832-1848. Paris et les parisiens*. Paris: Didot Frères. Versión digitalizada en <http://openlibrary.org>.
Fortunati, Vita. 2001. "Scrittura di viaggio e scrittura utopica tra realtà e finzione". Fortunati, Vita; Steimberg, Oscar (comp.). *El viaje y la utopía*. Buenos Aires: UBA- U. di Bologna, Instituto Italiano di Cultura- Editorial Atuel. 69-79.

Fowler, Roger. 1986. *Linguistic Criticism*. Oxford-New York: Oxford University Press.
García, Germán. 1952. *La novela argentina: Un itinerario*. Buenos Aires: Editorial Sudamericana.
Gardiner, Michael. 1992. *The dialogics of critique: M. M. Bakhtin and the theory of ideology*. London and New York: Routledge.
Genette, Gérard. 1993. *Ficción y dicción*. Trad. de Carlos Manzano. Barcelona: Lumen.
Giménez Pastor, Arturo. 1922. "El romanticismo bajo la tiranía (Cont.)". *Revista de la Universidad de Buenos Aires*, XIX.XLIX: 79-170.
Goić, Cedomil. 1972. *Historia de la literatura hispanoamericana*. Chile: Universidad Católica de Valparaíso-Ediciones Universitarias de Valparaíso.
González, Elda E., y Reguera, Andrea (coord.). 2010. *Descubriendo la nación en América: Identidad, imaginarios, estereotipos sociales y asociacionismo de los españoles en Argentina, Brasil, Chile y Uruguay, siglos XIX-XX*. Buenos Aires: Biblos.
Grimal, Pierre. 1982. *Diccionario de mitología griega y romana*. Trad. Francisco Payarols.
Barcelona: Paidós.
Guardia, Alfredo de la. 1959. *El verdadero Byron*. Buenos Aires: Santiago Rueda.
Hardoy, Jorge Enrique; Gutman, Margarita, con la colab. de Sylvio Mutal. 1992. *Impacto de la urbanización en los centros históricos de Iberoamérica. Tendencias y perspectivas*. Madrid: MAPFRE.
Hauser, Arnold. 1969. *Historia social de la literatura y el arte*. 3 v. Trad. de A. Tovar y F. P. Varas-Reyes. Madrid: Guadarrama.
Hazard, Paul. 1975. *La crisis de la conciencia europea (1680-1715)*. 3 e. Trad. de Julián Marías. Madrid: Pegaso.

Highet, Gilbert. 1954. *La tradición clásica: Influencias griegas y romanas en la literatura occidental*. Trad. de Antonio Alatorre. México: Fondo de Cultura Económica.
Hillairet, Jacques. 1993. *Conaissance du vieux Paris*. Paris: Rivages.
Isaacson, José. 1993. *La industria cultural y la Argentina de hoy*. Buenos Aires: Marymar.
Katra, William M. 2000. *La generación de 1837: Los hombres que hicieron el país*. Trad. de María Teresa Lavalle. Buenos Aires: Emecé.
Korsmeyer, Carolin. 2002. *El sentido del gusto: comida, estética y filosofía*. Barcelona: Paidós.
Langer, William L. (compil. y dir.). 1980. *Enciclopedia de historia universal, 1. Desde la prehistoria hasta la segunda guerra mundial*. Trad. Javier Faci Lacasta *et al.*, Madrid: Alianza Editorial.
La Moda: Gacetín semanal de música, de poesía, de literatura, de costumbres; 1838. Ed. facsimilar. Pról. y notas de José A. Oría. Buenos Aires: Academia Nacional de la Historia, 1938.
Lejeune, Philippe. 1975. *Le pacte autobiographique*. Paris: Éditions du Seuil.
Lichtblau, Myron. 1959. *The Argentine Novel in the Nineteenth Century*. New York: Hispanic Institute in the United States.
——. 1997. *The Argentine Novel: An annotated bibliography*. Lanham, Md. & London: The Scarecrow Press Inc.
Lindstrom, Naomi. 2004. *Early Spanish American Narrative*. Austin: University of Texas Press.
López, Vicente Fidel. 1845. *Curso de Bellas Letras*. Santiago de Chile: Imprenta del Siglo.
——. 1854. "La novia del hereje, o la Inquisicion de Lima". *El Plata Científico y Literario*, II, set. 1854: 147-197; III, nov. 1854: 89-162; IV, ene. 1855: 98-155; V, mar. 1955: 101-25; VII, jul. 1855: 21-127.

———. 1858. "Carta a Miguel Cané. Montevideo, 31 de julio de 1854". Cané 1858 a: 268-271.
Magariños Cervantes, Alejandro. 1858 a. "Miguel Cané". Magariños Cervantes, 1858 b. 18-23.
———. 1858 b. *No hay mal que por bien no venga*. Biblioteca Americana, Obras del Dr. D. Alejandro Magariños Cervantes, III. Buenos Aires: Imprenta de Mayo.
Marani, Alma Novella. 1985. *El ideario mazziniano en el Río de la Plata*. La Plata: Universidad Nacional de La Plata, Facultad de Humanidades y Ciencias de la Educación.
Marill-Albérès, René. 1962. *Histoire du roman moderne*. Paris: Albin Michel.
Marmier, Xavier. 1948. *Buenos Aires y Montevideo en 1850*. Trad., prólogo y notas de J. L. Busaniche. Buenos Aires: El Ateneo. (Selección y traducción de *Lettres sur l'Amérique*, 1851).
Martínez Bonati, Félix. 2001. *La ficción narrativa*. Santiago: Lom Ediciones.
Mayo, Carlos A. 2004. *Porque la quiero tanto: Historia del amor en la sociedad rioplatense (1750-1860)*. Buenos Aires: Biblos.
Merquior, José Guilherme. 1972. "Situación del escritor". César Fernández Moreno (coord.). *América Latina en su literatura*. México: Siglo XXI / Unesco. 372-388.
Milner, Max, y Pichois, Claude. 1996. *Histoire de la Littérature Française; De Chateaubriand à Baudelaire, 1820-1869*. Paris: Flammarion.
Mitre, Bartolomé. 1928. "Prólogo". *Soledad: Novela original*. Nota preliminar de Juan Millé y Giménez. Publicaciones del Instituto de Literatura Argentina, Sección de documentos, serie 4ª – Novela, I.4. Buenos Aires: Universidad de Buenos Aires, Facultad de Filosofía y Letras, Instituto de Literatura Argentina. 93-95.
———. 1936. *El diario de la juventud de Mitre (1843-1846)*. Buenos Aires: Institución Mitre.

Molina, Hebe Beatriz. 1987. "Algunas precisiones sobre la elaboración de *La novia del hereje*: El texto definitivo". *Revista de Literaturas Modernas*, 20, Mendoza: 201-7.

——. 2008. "Una poética argentina de la novela: Vicente Fidel López (1845)". *Hofstra Hispanic Review*, 8/9, Summer/verano, Fall/otoño: 18-32.

——. 2011. *Como crecen los hongos: La novela argentina entre 1838 y 1872*. Buenos Aires: Teseo.

Mondolfo, Rodolfo. 1962. *Rousseau y la conciencia moderna*. Buenos Aires: Eudeba.

Monlau, Pedro Felipe. 1946. *Diccionario etimológico de la lengua castellana. Precedido de unos rudimentos de etimología*. Prólogo de Avelino Herrero Mayor. 3e. ampliada con un índice analítico. Buenos Aires: Joaquín Gil.

Montémont, Albert. 1847. *Guide universal de l'étranger dans Paris [...]*. 3 e. Paris: Garnier Frères.

Mujica Láinez, Manuel. 1942. *Miguel Cané (padre): Un romántico porteño*. Buenos Aires, C.E.P.A.

Museo Literario: Periódico semanal de literatura en general, teatro y modas. Carlos L. Paz y Lisandro Paganini, eds. Buenos Aires: Imprenta de Mayo, 1859.

Nardini, Bruno. 2011. *Michelangelo: Biografia de un genio*. Milano: Giunti.

Ortega y Gasset, José. 1925. *La deshumanización del arte; Ideas sobre la novela*. Madrid: Revista de Occidente.

Oszlak, Oscar y colab. 1982. *La formación del estado argentino*. Buenos Aires: Ed. de Belgrano.

Pageaux, Daniel-Henri. 1994. "De la imaginería cultural al imaginario". Pierre Brunel e Yves Chevrel (dir.). *Compendio de literatura comparada*. Trad. de Isabel Vericat Núñez, revisada por F. Perus. México: Siglo XXI. 101-131.

Pagni, Andrea. 1992. "Escrituras cruzadas: viajeros franceses al Río de la Plata y rioplatenses a Europa a mediados del siglo XIX". *Dispositio*, XVII. 42-43: 263-282.

Pagés Larraya, Antonio. 1958. "Tendencias de la novela romántica argentina". *Atenea*, XXXV.CXXX. 379, ene.-feb.-mar.: 208-20.

Pater, Walter. 1978. "La poesía de Miguel Ángel". *Renacimiento: Arte y Poesía*. Versión castellana de Vicente P. Quintero. Buenos Aires: Hachette. 70-88.

La peinture italienne: La Renaissance. 1951. Genève: Albert Skira.

Pena de Matsushita, Marta E. 1985. *Romanticismo y política*. Buenos Aires: CINAE / Academia Nacional de Ciencias de Buenos Aires, Centro de Estudios Filosóficos.

Perrot, Aristide-Michel. 1836. *Album parisien. 100 vues gravées au burin, par MM. Dureau et Couchéfils, et descriptionhistorique et architecturale des principaux monuments et sites de la ville de Paris, par [...]*. Paris: Leroi.

Perrot, Michelle. 2009. *Mi historia de las mujeres*. Buenos Aires: Fondo de Cultura Económica.

La piccola Treccani. Dizionario enciclopedico. 1996. Roma: Istituto de la Enciclopedia Italiana.

Pichois, Claude, y Rousseau, André-M. 1969. *La literatura comparada*. Versión española de Germán Colón Doménech. Madrid: Gredos.

Pratt, Mary Louise. 1997. *Ojos imperiales: Literatura de viajes y transculturación*. Trad. Ofelia Castillo. Bernal: Universidad Nacional de Quilmes.

Prieto, Adolfo. 1982. *La literatura autobiográfica argentina*. Buenos Aires: Centro Editor de América Latina.

Rípodas Ardanaz, Daisy. 1965. "*Soledad*, la novela de un historiador". *Trabajos y Comunicaciones*, 13: 187-204.

Rodríguez Pérsico, Adriana. 1992. "Viajes alrededor del modelo: Para una política estética de las identidades". *Dispositio*, XVII. 42-43: 285-303.
Rohde, Jorge Max. 1924. *Las ideas estéticas en la literatura argentina*. Buenos Aires: Coni.
Rojas, Ricardo. 1960. *Historia de la literatura argentina: Ensayo filosófico sobre la evolución de la cultura en el Plata*. Buenos Aires: Guillermo Kraft.
Rosas de Rivera, Mercedes. 2010. *María de Montiel, novela contemporánea, 1861*. Edición modernizada, edición facsimilar, estudio y notas de Beatriz Curia (dir.). Buenos Aires: Teseo.
Rouvillois, Frédéric. 2008. *Historia de la cortesía: De 1789 hasta nuestros días*. Trad. de Clara Giménez. Buenos Aires: Claridad.
Ruiz Díaz, Adolfo. 1968. "Estudio preliminar". Marsilio Ficino. *Comentario al Banquete de Platón*. Traducción, estudio preliminar y notas de Adolfo Ruiz Díaz. Anejo I de *Revista de Literaturas Modernas*. Mendoza: Universidad Nacional de Cuyo, Facultad de Filosofía y Letras, Instituto de Literaturas Modernas, 7-30.
Sarmiento, Domingo Faustino. 1993. *Viajes por Europa, África y América. 1845-1847; Diario de gastos*. Ed. crítica de Javier Fernández (coord.). Buenos Aires: ALLCA XX / Fondo de Cultura Económica de Argentina, Colección Archivos.
Schenk, H. G. 1983. *El espíritu de los románticos europeos: Ensayo sobre la historia de la cultura*. Prefacio de Isaiah Berlin. México: Fondo de Cultura Económica.
Symons, John Addington. S. f. The Life of Michelangelo Buonarroti. New York: The Modern Library.
Téllez, José Luis. 1992. "Introducción". *La Traviata: Ópera en tres actos de Giuseppe Verdi. Libreto de Francesco Maria Piave*. Edición de José Luis Téllez. Sevilla- Madrid: Expo '92 Sevilla / Cátedra.

Valentini, Giuseppe. 1954. "Las cartas de Miguel Ángel". *Ars: Revista de arte*. Buenos Aires. (Homenaje a Miguel Ángel).
Van Tenac, Charles. 1851-1852. *Histoire de la Révolution de 1848 et de la présidence de Louis-Napoleon*. Paris: E. et V. Penaud.
Van-Tenac, M. 1845. *Paris Synoptique. Nouvelle guide parisien, illustré présentant sur un plan entièrement neuf les indications nécessaires à un étranger pour s'orienter et se diriger facilement dans Paris*.[...] Paris: s/e.
Van Tieghem, Paul. 1958. *La era romántica: El romanticismo en la literatura europea*. Trad. y notas adicionales por José Almoina. México: UTEHA.
Varela Jácome, Benito. 1987. "Evolución de la novela hispanoamericana en el XIX". Luis Iñigo Madrigal (coord.). *Historia de la literatura hispanoamericana. II. Del neoclasicismo al modernismo*. Madrid: Cátedra. 91-133.
Vasari, Giorgio. 1550. *Le vite de' piú eccellenti architetti, pittori, et scultori italiani, Da Cimabue insino a' tempi nostri*. Firenze: Lorenzo Torrentini. Edizione HTML En línea: <http://bepi1949.altervista.org/vasari/vasari00.htm>.
Vedia y Mitre, Mariano de. 1941. "'El Iniciador' y la Generación de 1837". *El Iniciador*. 27-68.
Verdevoye, Paul. "Viajes por Francia y Argelia". Sarmiento. 639-715.
——. 1994. *Costumbres y costumbrismo en la prensa argentina, desde 1801 hasta 1834*. Buenos Aires: Academia Argentina de Letras.
——(trad. y pról.). 1997. "Introduction". *L'Abattoir (1840) d'Esteban Echeverría; Soledad (1847) de Bartolomé Mitre: Deux textes fondateurs de la littérature argentine*. Paris: L'Harmattan. 3-25.

——. 1999. "Novelista e intelectual en la Argentina antes de 1875". *Palabra y Persona*, III. 5, Buenos Aires, Centro Argentino P.E.N. Internacional, mayo: 113-119.
——. 2002. *Literatura argentina e idiosincrasia*. Edición y prólogo de José Isaacson y Beatriz Curia. Buenos Aires: Corregidor.
Villemain, Abel-François. 1841. *Cours de Littérature Française: Tableau de la littérature au XVIIIe siècle*. 3 e. Paris: Didier.
Viñas, David. 1964. *Literatura argentina y realidad política*. Buenos Aires: Jorge Álvarez.
Weinberg, Félix. 1977. *El Salón Literario de 1837; Con escritos de M. Sastre - J. B. Alberdi - J. M. Gutiérrez - E. Echeverría*. 2 e. Buenos Aires: Hachette.
——. 1993. "Sarmiento, Alberdi, Varela: viajeros argentinos por Europa". Sarmiento. 1005-1026.
——. 2000. "Los intelectuales de la ciudad criolla". José Luis Romero, Luis Alberto Romero (dirs.). *Buenos Aires, Historia de cuatro siglos. 1: Desde la Conquista hasta la Ciudad patricia*. 2 e. Buenos Aires: Altamira. 261-284.
——y colab. 1970. *Florencio Varela y "El Comercio del Plata"*. Bahía Blanca: Instituto de Humanidades, Universidad Nacional del Sur.

www.ingramcontent.com/pod-product-compliance
Lightning Source LLC
Chambersburg PA
CBHW021812220426
43662CB00006B/279